ZWERGENSPUK IM ZUGSPITZ-LAND

Bayerische *Landpartien*

Originalausgabe Juli 2021
Allitera Verlag
Ein Verlag der Buch&media GmbH München

Projektleitung: Dietlind Pedarnig
Layout, Satz und Umschlaggestaltung: Franziska Gumpp
Gesetzt aus der Avenir und der Active
Printed in Europe · 978-3-96233-269-3

Allitera Verlag
Merianstraße 24 · 80637 München
Fon 089 13929046 · Fax 089 13929065

Weitere Publikationen aus unserem Programm finden Sie auf
www.allitera.de
Kontakt und Bestellungen unter info@allitera.de

Lena Havek / Henny Schübel

ZWERGENSPUK IM ZUGSPITZ-LAND

15 sagenhafte Familienausflüge

Allitera Verlag

Inhalt

Warum wir dieses Buch geschrieben haben

Das Zugspitz-Land verzaubert vom ersten Moment an. Egal, ob Besucher oder Heimkehrer, egal ob mit Bahn, Bus, Auto oder Muskelkraft: Wie eine Allee aus Stein führen die Berge rechts und links auf das erhabene Wettersteinmassiv mit der Zugspitze zu. Wenn die Straße bei Eschenlohe einen Bogen macht, ist man plötzlich mittendrin. Spätestens auf halbem Weg zum Eibsee befindet man sich in einem gigantischen, schützenden Nest aus Stein.

Doch nicht nur die Felswände, sondern auch die Geschichte(n) umgeben das Zugspitz-Land in einer erstaunlichen Dichte. Zwerge, Geisterpudel, Irrlichter, schöne weiße Frauen, Ritter, Feuerscheiben, Wetterhexen, Drachen und mehr. Kurzum: Es wimmelt nur so von Sagengestalten. Deren Geschichten wollen wir hier weitergeben.

Dabei sind wir aber beileibe keine Märchentanten. Nein, wir erzählen quasi nichts als die reine Wahrheit! Denn jede Sage hat ihren wahren Kern. Sie versteht sich als Tatsachenbericht: Eine Erzählung über ein ursprünglich reales Ereignis, das über Generationen weiter*gesagt* wird. Im Gegensatz zum ausgeschmückten Märchen (»Es war einmal …«) wird die Sage jedoch recht kurz und prägnant wiedergegeben und einem bestimmten Platz zugeordnet, wodurch ortsgebundene Informationen überhaupt erst erhalten bleiben können – für uns Nachgeborene eine Quelle uralten Wissens.

Es gibt Orte, die nehmen uns gefangen und lassen uns nicht mehr los. Die Aussicht von einer bestimmten Sitzbank geht direkt in die Seele; an einem eigentlich unscheinbaren kleinen Bachlauf fühlt man sich merkwürdig ruhig und erfrischt. Vielleicht entdecken wir beim Spazieren einen abgelegenen Felszahn und wundern uns, wieso ausgerechnet da oben eine Kapelle steht.

Was haben diese Plätze an sich? Warum wird man davon so besonders, ja beinahe magisch berührt? Dafür haben wir die Lösung: Wir nennen es den »Sagen-Radar«. Das ist ein vorgeschalteter Filter, eine Art Röntgenblick, der uns in fernste Vergangenheit schauen lässt. Damit können wir sogar eine kleine Zeitreise machen und bis hinunter zu den Wurzeln in die Sagenwelt hineinschlüpfen – und auf einmal ergibt alles einen Sinn.

Für's gute Gelingen eurer Zeitreisen geben wir am Ende des Ausflugteils ein wenig Rüstzeug mit: die erdgeschichtlichen, sozialhistorischen und geopolitischen Voraussetzungen, weshalb sich im Zugspitz-Land überhaupt so viele verschiedene Sagengestalten ansiedeln konnten und warum sie alle noch so quicklebendig sind. Denn das Zugspitz-Land war nicht immer ein Sehnsuchtsziel. Die Winter lang, schneereich und frostig, die wenigen Weideflächen im Tal immer wieder von der Loisach überschwemmt, die Viehhaltung oft nur auf schwer zugänglichen Almen möglich. Wer sich umschaut, erkennt es auch heute sofort: Es gibt keine Äcker. Hier wächst kein Getreide, kaum Gemüse. Satt machende Kartoffeln, die heute in den Alpentälern einigermaßen ertragreich angebaut werden, wurden ja erst im 17. Jahrhundert aus Nordamerika eingeführt. Wenn der Eigenanbau nicht ausreichte, mussten Korn und Mehl für Brot teuer beschafft oder eingetauscht werden.

Warum aber siedelten sich dann aber doch ausgerechnet hier Menschen an, wo die Voraussetzungen augenscheinlich so schlecht waren? Nun, wenn es in der Bronzezeit, vor 4000 Jahren, schon Immobilienmakler gegeben hätte, würden sie diese Frage bestimmt genauso beantworten wie heute: »Lage, Lage, Lage!« Denn jeder, der auf direktem Weg von Bayern aus zum Mittelmeer will, muss durch das Zugspitz-Land. Ein immerwährender Verkehrsknotenpunkt für Handel und Wandel. Und das ist seit der Bronzezeit bis zum heutigen Tag unverändert geblieben. Genauso wie sich heute die Urlaubswilligen auf dem Weg nach Bella Italia über den Brenner oder den Reschenpass drängeln, so war es auch in der Vergangenheit schon – nur langsamer und sehr viel gefährlicher.

All diese Geheimnisse unserer Heimat teilen wir in diesem Buch mit euch. In erster Linie, weil wir einfach gerne erzählen und Wissen vermitteln. Nur was man kennt, das weiß man auch zu schätzen – davon sind wir überzeugt. Zum anderen aber haben wir dieses Buch auch geschrieben, um zu motivieren. Denn von der Aussicht auf gruselige Geheimnisse, spannende Schnitzeljagden, Schatzsuchen, Plantsch- und Bastelorgien oder ein Ritterpicknick in der Burgruine lassen sich kleine Couchpotatoes (meistens) dann doch ganz gut motivieren. In diesem Buch liefern wir allerlei kindgerecht aufbereitete Wissensschmankerl und Anregungen für erfüllende Ausflüge auf den Spuren echter, uralter Sagen – Zwergenspuk eben. Selbstverständlich funktionieren die Touren aber auch ganz wunderbar OHNE Kinder … ☺

Wir wünschen allen jetzt viel Spaß und eigene Entdeckungen beim »Sagenwandern«!

Lena Havek & Henny Schübel,
Frühjahr 2021

AUSFLUG 1

In Deckung, der Zuggeist kommt!

Über die »Neuneralm« und den Familienrundweg »Sagenhafter Bergwald« vom Obergrainauer Dorfplatz nach Hammersbach und zurück. Dabei immer bedenken, dass das schon ziemlich nah dran am Horst des gefürchteten Zuggeistes ist. Man bewegt sich sozusagen in der Einflugschneise einer uralten Gottheit.

Tour: Rundweg, Schwierigkeitsgrad mittel, kinderwagentauglich

Route: Hammersbach – Rundweg »Sagenhafter Bergwald« – »Neuneralm« – Oberer Dorfplatz Hammersbach

Länge / Dauer: Der Rundweg »Sagenhafter Bergwald« allein dauert 2 Stunden bei 131 Höhenmetern, hinzu kommt der Weg zur »Neuneralm« und durchs Dorf. Für Kinderwägen und ganz kurze Beinchen empfehlen wir unsere kleine Runde mit exakt 3 Kilometern, die nur über die untere Hälfte des »Sagenhaften Bergwalds« verläuft.[1]

---

[1] Eventuell freilaufende Kühe am besten einfach ignorieren und keinesfalls füttern! Das lässt die unerfahrenen »Teenagerkühe« nämlich zu nervigen Monstern mutieren, die später auf der Suche nach Keksen arme Wanderer in den Hintern beißen. (Echt wahr! Ist Lenas Schwiegermutter schon passiert.) Deshalb auch bitte die Weidegatter immer brav wieder zumachen.

Wo parken / ÖPNV: Wanderparkplatz P1, Zugspitzstraße, beziehungsweise Eibseebus: Ausstieg entweder Hammersbach oder am »Hotel Post«.

Sagenspaziergang

Hammersbach? Das haben viele schon einmal gehört. Schließlich geht es vom kleinen Grainauer Ortsteil in die Höllentalklamm und weiter hinauf ins Höllental. Kletterfreunde und Gipfelstürmer, die sich den Weg auf die Zugspitze selbst erarbeiten wollen, schieben sich teilweise in Massen hier durch. Und genau aus diesem Grund überlassen wir den Aufstieg zur Klamm den trittfesten Bergfexen. Hammersbach ist doch so viel mehr als nur das Nadelöhr zum Höllental![2] Zum Beispiel ist es ein ehemaliger Adelssitz. Auf dem unscheinbaren Hügelchen hinter der kleinen Maria-Kapelle (es trägt immer noch den Namen »Turmanger«) stand nämlich einst die Burg der Grafen von Hammersbach. Es war wohl keine sehr beeindruckende Anlage, nur ein besserer Wohnturm, doch er bot direkten Blickkontakt (für mögliche Signalfeuer) zu den Burgen Werdenfels und Katzenstein. Vom Hammersbacher Burgturm ist leider überhaupt nichts mehr übrig – außer einer Sage.

---

2 Bei genügend Zeit, entsprechender Beinmuskulatur und Ausrüstung verdient die Höllentalklamm natürlich unbedingt einen eigenen Besuch. Doch uns geht es hier eher um das »Drumherum«, um das Besondere am Wegesrand.

Der Schatz auf dem Turmanger in Hammersbach

Seit alten Zeiten erzählt man sich von einem Lichtlein am Turmanger. Mein Bruder Karl und der Hirt haben es noch gesehen. Besonders zu Johanni sah man es. Es liegt dort ein Schatz vergraben und zugleich treibt ein Geist sein Unwesen. Wenn man dem Lichtlein einen »Beter« hinwarf, sagte es einem, auf welche Weise man zum Schatz gelangen kann, zeigte einen geheimen Gang, sagte aber auch, dass man nicht antworten dürfe, wenn man angerufen wird. Der Geist hofft auf Erlösung. Auf diese Geschichten hin wollte einmal einer den Schatz heben. Er grub, eine versperrte Tür ging auf, er grub weiter und hatte die Truhe mit dem Schatz schon ziemlich freigelegt. Da rief auf einmal jemand hinter ihm: »Du, dein Vater stirbt! Mach dich fort, dein Haus brennt!« Der Erschrockene drehte sich mit einem Schrei um und die schon ziemlich in die Höhe gebrachte Truhe versank und alles war verfallen und verschwunden.

Vom Turmanger aus ging unter dem Hammersbach hindurch ein Fluchtgang zur Geißwand hinunter. Die Bewohner des Hammersbacher Turms, die Herren von Hammersbach, haben sich nachts mit den anderen Burgen des Dreiecks Katzenstein – Werdenfels – Hammersbach durch Lichtzeichen miteinander verständigt.

(Nach Hans Holzner)

Ja, in Hammersbach geht es wirklich schauderhaft zu. Übrigens auch heute noch. Erst Mitte Juni 2020 mussten in einer düsteren Regennacht rund 250 Anwohner samt Feriengästen aus ihren Häusern evakuiert werden, weil sich der Hammersbach derart wild gebärdete. Eine Schlammlawine wälzte sich durch die Höllentalklamm bis hinunter ins Dorf, riss Steine in der Größe von Autos mit. Glücklicherweise wurde niemand verletzt und auch kein Wohnhaus verschüttet.

Den Familienrundweg »Sagenhafter Bergwald« gibt es schon seit gut 20 Jahren, doch nach dem großen Sturm 2019 und der erforderlichen Neugestaltung ist er gleich noch mal so schön. An einem guten Dutzend Stationen locken Aktivitäten wie Weitsprung, ein Barfußweg oder ein Wilderer-Kletterfelsen. Der »Geschichtenplatz unter den Lärchen« am östlichen Ende des Rundwegs wird von der örtlichen Grundschule und Jugendgruppen gern für ein Picknick aufgesucht. Und auf den Hügeln zwischen Hammersbach und Obergrainau (die geologisch betrachtet eine wilde Mischung aus eiszeitlichen Seitenmoränen und jungsteinzeitlichen Bergstürzen sind) trifft man dann auf IHN: den Zuggeist. Der unheimliche Berggeist, der Deutschlands höchstem Berg und damit der gesamten Region ihren Namen gab, ist eigentlich gar kein Geist, sondern ein waschechter, uralter Gott. Deshalb wird der ganze Berg von den Einheimischen auch heute noch »Der Zugspitz« genannt.

Ist er nicht schauderhaft? Zählt mal die Arme!

Eine lebensgroße Holzskulptur vom Grainauer Schnitzer Martin Ostler (»Puit-Martl«) gibt eine gute Vorstellung davon, wie ihn sich unsere Vorfahren vorgestellt haben: wie eine wilde Mischung aus bösem Troll und Lämmergeier. Lämmergeier? Ja, gern verwandelt er sich in diesen riesigen Greifvogel, der mit seinen starken Krallen ganze Lämmer davontragen kann. Oder vielleicht auch freche Kinder? Zumindest hat man das früher geglaubt. Und mit euren bunten Klamotten wärt ihr von oben auch gut zu erkennen! Aber keine Sorge: Lämmergeier ernähren sich absolut 100-prozentig von Aas, also von bereits toten Tieren. Sie sind auf das Fressen von Knochen spezialisiert, die sie aus großer Höhe auf Felsplatten fallen lassen. Die zersplitterten Knochen mitsamt dem nahrhaften Mark darin lassen sie sich dann schmecken. Eine Nahrungsnische, die ihnen sonst so schnell niemand streitig macht. Wenn Lämmergeier ein besonders prächtiges Gerippe finden, legen sie sich gerne in der Nähe ihres Nests einen Vorrat an. Wahrscheinlich haben die Ur-Grainauer in der Nähe des Zugspitzplatts einmal den Knochenvorrat eines außerordentlich fleißigen Lämmergeiers entdeckt und sich davon in ihren Ängsten vor dem Zuggeist bestätigen lassen.

»Der Zuggeist jedoch ist die Erinnerung an den obersten germanischen Vater-Himmelsgott Tiwaz/Tiuz, Teug oder Ziu«. Im alemannischen Sprachgebiet, besonders im Allgäu und im bayerischen Schwaben, wird der Dienstag immer noch als »Zieschtag« bezeichnet, die Briten sagen »Tuesday« = Tag des Teugs. Erst durch die altdeutsche Lautverschiebung wurde aus »T« das »Z«. Für die Römer war der Teug gleichbedeutend mit Mars, dem Kriegsgott, und in Norwegen wurde ihm noch bis ins 8. Jahrhundert hinein geopfert. Klar, dass der höchste aller Götter nirgendwo anders wohnen kann als auf dem höchsten Berg weit und breit – der Zugspitze. Interessanterweise kann man diesen Göttersitz, den Zugspitz, auch als männliches Pendant zur weiblich besetzten Alpspitze sehen. So verbindet das Wettersteingebirge beide Geschlechtspole in einer ewigen steinernen Balance.

Oben auf dem Zugspitzplatt hegt der Teug (oder Doig) die

Ein klein wenig sieht der Gipfelbereich schon aus wie ein riesiges Nest …

Springwurz, deren Zaubermacht bereits in der Antike bekannt war. Mit dieser Springwurz muss man nur an einen Fels klopfen, schon gibt der Berg seine ganzen verborgenen Schätze her. Kristalle, Gold und Edelsteine kullern nur so hervor. Auch verschlossene Türen zu Schatzkammern springen sofort auf. Klar, dass der Zuggeist seine Springwurz nicht hergeben will!

Eine »offizielle« Begegnung mit dem Zuggeist

Als im Jahr 1820 der Leutnant Joseph Naus nach Grainau kam, um im Auftrag des Königs die Zugspitze zu vermessen, wollte ihn daher erst einmal niemand von den Einheimischen begleiten.

Was, da hinauf, wo der Doig haust? Ja spinnt der denn, dieser dahergelaufene Kerl? Der wird noch das Unglück auf uns alle herabbeschwören! Und tatsächlich ging die offizielle Erstbesteigung der Zugspitze am 27. August 1820 gerade noch glimpflich aus. »Schon nach fünf Minuten wurden wir von enormem Donnerwetter und Schneegestöber überrascht und mussten unter größten Gefahren die Höhe verlassen«, schrieb Joseph Naus später in sein Tagebuch. »Zehn bis zwölf Schritte von der Spitze entfernt, betäubte uns ein Donnerschlag derart, dass wir glaubten, alle Berge müssten zusammenstürzen …«

Da war ganz sicher der Zuggeist am Werk! Laut der Sage schläft er in seinem Adlerhorst auf dem Zugspitzgipfel, solange im Tal alles in Ordnung ist. Doch wehe, wenn ihm das Treiben der Menschlein einmal zu bunt wird! Dann kommt er angeflogen, packt die Übeltäter und nimmt sie mit hinauf in sein steiniges, eisiges Reich. Wer es also wagt, an einem solchen Tag ebenfalls im Loisachtal unterwegs zu sein, sollte vorsichtshalber immer ein Auge auf den Himmel haben.[3] Arme Bauern und brave Kinder werden von dem alpinen Oberdämon allerdings nicht behelligt, sondern im Gegenteil oft reich belohnt.

Einen starken Gegensatz zum finsteren Hochgebirgsgrusel bildet die »Neuneralm«. Sie heißt »Neuneralm«, weil das Wirtshaus einst von neun dort weideberechtigten Grainauer Männern erbaut wurde. Auf der Terrasse der urigen Gaststätte gibt es eine kleine Erfrischung, der Blick schweift abwechselnd hinunter ins Tal und hinauf zum kleinen Kinderspielplatz, und auf den ausgedehnten Wiesen

---

3 Übrigens werden Lämmergeier seit einigen Jahren wieder erfolgreich in den Alpen angesiedelt. Es könnte also tatsächlich sein, dass so ein »echter« Zuggeist über euch seine Bahnen zieht …

Da grasen sie noch ganz friedlich, die Schafe auf der »Neuneralm«.

ringsumher grasen glückliche Schafe. Schöner geht es kaum! Und doch – auch hier lauert die Gefahr … Denn die ganze »Neuneralm« liegt auf einem Schuttkegel. Sonnig und fruchtbar, allerdings auch in nächster Nähe zu den steilen Bergflanken aus bröckeligem Kalkstein, von dem jederzeit wieder etwas abbrechen und hier herunterdonnern könnte. Steinschlag und Gerölllawinen sind auch heute noch eine ganz reale Bedrohung. Direkt oberhalb der »Neuneralm« verläuft die Große Sandreiße, dieses für Grainaus Bergpanorama so charakteristische Geröllband. Es beginnt zwischen den Gipfeln der beiden Waxensteine, in der sogenannten Mittagsscharte: Hier fällt um 12 Uhr mittags das Sonnenlicht durch. Besonders im Frühjahr, zur Zeit der Schneeschmelze, hört man es von dort oben rumpeln. Altschneelawinen gehen ab, Felsbrocken kollern. Warum besonders an diesem Fleckerl? Das verrät uns eine relativ junge Sage aus dem späten 19. Jahrhundert.

Die Lechtl

Beim Hästara-Hof in Untergrainau arbeitete einmal eine freche, streitsüchtige Magd namens Lechtl oder Lechtlin, die jung starb. Weil keine Zeit mehr gewesen war, ihr die Sterbesakramente zu verabreichen, musste ihr Geist weiter im Haus umgehen. Jede Nacht ging der Krawall los, die Leute auf dem Hästara-Hof hatten niemals Ruhe. Schließlich riefen sie Kapuzinermönche aus Nassereith in Tirol zur Hilfe. Doch schon als sich diese mit ihrem Fuhrwerk dem Dorf näherten, brachten die Pferde den Wagen kaum vorwärts. Sie schwitzten und hatten Schaum vor den Mäulern, obwohl der Weg überhaupt nicht steil oder schlecht war.

In der Nacht legten sich die Mönche auf der Stubnfoll [Klapptür über dem Kachelofen] *schlafen. Vorher zogen sie auf dem Stubenboden einen Kreidekreis, in den sie eine leere Flasche ohne Stöpsel stellten. Pünktlich zum Beginn der Geisterstunde kam der Geist in die Stube, und die Kapuziner fingen an zu beten. Doch je stärker sie beteten, desto lauter lärmte und jammerte auch der Geist. Der Kreidekreis war nämlich ein Bannkreis, und der Geist merkte genau, was sie vorhatten. »Du hast hier nichts zu suchen, du musst an einen Platz, wo weder Sonne noch Mond scheinen«, sagten die Kapuziner. Der Geist bettelte, man möge ihn doch wenigstens im Geißen- oder Schafstall bleiben lassen oder notfalls unter der Dachrinne. Doch die Kapuziner blieben hart, bannten ihn in die Flasche und stöpselten diese fest zu.*

Am nächsten Tag wurde diese Flasche in die Mittagsscharte hinaufgebracht, zwischen den Kleinen und den Großen Waxenstein, ganz tief in dieses Eck, das kein Sonnenstrahl erreicht.

Seit dieser Zeit gehen dort oben immer wieder Steine ab. Und wenn die Wände von den Felsbrocken so widerhallen, dass man es noch in

Grainau drunten hört, dann heißt es: »Hearscht d' Lechtl, sie geit hoilt koan Ruah!« – »Hörst du die Lechtl, sie gibt halt keine Ruhe!«

(Eigene Erzählung/Übersetzung nach Hans Holzner)

Die Geschichte von der Lechtl hat sich im Geburtshaus von Lenas Papa zugetragen. Der uralte, denkmalgeschützte Zweiseithof aus dem frühen 17. Jahrhundert steht heute noch (Eibseestraße 10). Ob es dort immer noch spukt? Kann schon sein … An schönen Tagen schieben sich allerdings direkt vor dem Wohnzimmerfenster die Blechlawinen hinauf zum Eibsee. Da kann die Lechtl in ihrem schattigen Exil mit Steinen schmeißen wie sie will – so ruhig wie dort oben findet sie es im Tal sowieso kaum mehr.

Wer noch nicht genug Auslauf hatte, dreht eine Extrarunde über das »Hammersbacher Feld« beziehungsweise die sogenannte Degernau. Dieses flache, von sonnigen Spazierwegen durchzogene Gebiet zwischen Garmisch und Grainau ist viel mehr als »nur« eine Wiesenlandschaft. Es bildet auch die Grenze zwischen dem Markt – also der Handelsplattform – Garmisch-Partenkirchen und dem kleinen Dorf Grainau an der Grenze zu Tirol, das für alle Fuhrwerke eine Sackgasse darstellt. Hier am Hennabachle (Hühnerbächlein) sollen sich zwei Irrlichter herumtreiben. Sie hüpfen auf und ab, »kämpfen« richtig miteinander. Es sind angeblich die Seelen zweier verfeindeter Bauern, die sich auch in der Ewigkeit nicht über ihre Grundstücksgrenze einigen können (nach Holzer). Gehört das Hennabachle jetzt zur einen oder zur anderen Seite? Heute herrscht jedenfalls Frieden zwischen den Anliegern.

Geheimtipp von Lena

Wer sich traut: Frisches Quellwasser probieren! Wer sich nicht traut: Wenigstens ein Stöckchen oder ein Blätterboot den Alplebach hinunterfahren lassen. Und unbedingt das uralte mechanische Wasserspiel vor dem Neuneralmweg 5 (Landhaus Ostler/Ferienwohnungen zum Puit Martl) besuchen. Es zeigt Grainau im Miniaturformat, inklusive Zahnradbahn und Zugspitz-Gondel. Achtung! Im Winter ist es durch eine Abdeckhaube vor Schnee und Eis geschützt und damit auch leider vor neugierigen Blicken verborgen.

Fast schöner als die Realität: Mini-Grainau mit Wasserantrieb

AUSFLUG 2

Mit Spukstadeln und Irrwurzeln vom Eibsee zum verwunschenen Huberpark

Wem der Eibsee zu überlaufen ist, der kann sich einfach ins Gebüsch schlagen. Dafür bietet sich der Eibseewald mit all seinen kleinen Geheimnissen an. Außerdem kommt das Thema »Wasser« auf dieser Tour nicht zu kurz: Unterhalb des längst verlassenen Swimmingpools der Uhrmacher-Familie Huber hält der Komponist Richard Strauss Wache über die Biber im Krepbach.

Tour: Schwierigkeitsgrad einfach, kinderwagentauglich (gute Bremse aber hilfreich)

Route: Eibsee – Christlhütte – Bahnhof Untergrainau. Es geht fast nur bergab, dies aber teilweise recht steil. Achtung vor rasanten Mountainbikern! Wer lieber bergauf als bergab geht, macht die Tour einfach rückwärts.

Länge / Dauer: 5,5 Kilometer, gemütliche 2 Stunden Gehzeit

Wo parken / ÖPNV: Von Garmisch-Partenkirchen aus fährt der weiß-blaue Eibseebus. Eine echte Alternative ist die Bayerische Zugspitzbahn mit dem Ausstieg »Bahnhof Eibsee«: bei Weitem nicht so kostenintensiv wie die Fahrt nach »ganz oben« und ein echtes Erlebnis für Eisenbahnfreunde.

Schaurig-schöne Irrwurzel: lieber nicht drauftreten!

Sagenspaziergang

Wir starten diese Tour am Eibseebahnhof, an dessen hinterem Ende gleich die Gaststätte »Eibsee-Alm« liegt. Über ihre Sonnenterrasse und den schönen Kinderspielplatz schwebt die Zugspitzgondel hinweg. Dank des eigenen Spielzimmers mit toll ausgestattetem Kinder-WC (da macht sogar das Wickeln Spaß) ist das auch ein super Pausenplatz, falls das Wetter mal nicht mitspielen sollte.

Weiter ins Tal lockt man die Kinder aber mit der Aussicht auf Irrwurzeln im wilden Eibseewald. Gleich gegenüber der Abzweigung zum Bahnhof beginnt der Fußweg hinab nach Grainau. Es ist ja grundsätzlich keine gute Idee, sich von vorgeschriebenen Wanderwegen zu entfernen. In Wald und Gebüsch lauern Stolperfallen, Dornen oder schlicht und ergreifend Tiere, die sich ausruhen möchten. Doch rund um Grainau sollte man sich nicht nur vor aufgeschrecktem Wild oder menschlichen Hinterlassenschaften in Acht nehmen, sondern auch noch vor den Irrwurzeln! Was eine Irrwurzel ist? Nun, sie kommt im gesamten Alpenraum vor[4] und sieht eigentlich ganz harmlos aus. Wie eine ganz normale Wurzel eben. Aber Vorsicht …!!

Irrwurzelsagen

Wenn man auf eine Irrwurzel tritt, kommt man fast nicht mehr aus dem Wald heraus. Die Bas[5] ging einmal drei Stunden im Kreis herum im Unterwald hinten. Sie sagte, dass sie auf eine Irrwurzel getreten sei.

(Erzählt 1937 von Maria Reiser,
Kruschtnmare aus Untergrainau)

Der Wienertoni von Obergrainau schaute nachts in der Gumpenau noch nach den Kälbern. An einem bestimmten Platz konnte er nicht mehr vor- und rückwärts, er war im Gehen gehemmt. Er legte sich bis zum Ein-Uhr-Schlagen auf einen Bichl hin, hernach konnte er wieder hingehen, wo er wollte.

(Erzählt vom Enkel des Betroffenen,
Anton Ostler aus Obergrainau)

---

4 Für geneigte Biologen haben solche Gewächse sogar eine lateinische Bezeichnung: radices errantes – Wurzeln des Irrens/Fehlens. (Nach Karl-Heinz Hummel: Raunachtssagen aus Bayern und Tirol, München 2019)

5 Base = Cousine

Der alte Poppenhannes trat einmal im Zierwald auf eine Irrwurzel. Er meinte, dass er immer heimzu gehe, ging aber in einem großen Kreis herum und kam schließlich immer wieder auf den alten Platz zurück. Als es dunkel wurde, kam jemand dazu. Mit dem konnte er dann heimgehen.

(Erzählt 1948 von Johann Buchwieser,
Lannasnhannas aus Untergrainau)

Wir fassen zusammen: Wer versehentlich auf eine Irrwurzel tritt, findet den Weg nicht mehr und muss stundenlang bis zur völligen Erschöpfung, im Kreis laufen. Die andere mögliche Auswirkung einer Irrwurzel ist, dass man sich gar nicht mehr bewegen kann. In beiden Fällen hilft nur eins, man muss warten, bis ein unbeteiligter Wandersmann kommt. Wenn derjenige auch noch fromm sein sollte und vielleicht sogar ein Kreuz um den Hals trägt – umso besser! So ein gläubiger Retter in der Not kann den armen Verirrten an die Hand nehmen und nach Hause führen. Ohne weitere Spätschäden außer den paar verlorenen Stunden. Puh! Bei den Irrwurzeln findet sich eine interessante Ähnlichkeit zu den sogenannten Bannsagen, wo jemand durch einen Fluch oder eine frevelhafte Handlung nicht mehr weiterkann. Diese beiden Sagentypen sind beinahe deckungsgleich. Der Unterschied liegt nur in der Unabsichtlichkeit der Handlung: Auf eine Irrwurzel tritt man wirklich rein aus Versehen, das ist ein geradezu schicksalhaftes Pech ganz ohne eigenes Zutun. Wer sich allerdings absichtlich gruseln möchte, kann einmal das Ohr an einen der alten Heustadel entlang der Eibseewiesen legen: Ist das vielleicht der, in dem es spukt?

Geisterfurcht am Eibsee

Die alten Eibseer haben einmal im Wald ein Roß ohne Kopf gesehen, ein anderes Mal einen schwarzen Hund mit einer Fackel. Sie fürchteten bei Nacht sogar die alten »Glandastöck« [Zaunpfosten] *und ihre Schatten im Obergrainauer Feld. In einem Stadl im Rohr soll es immer gegeistert haben. Wenn sie gegen Abend oder nachts nach Grainau hinuntergehen mussten, haben sie eine Staude oder einen Daxkoppen hinter sich hergeschleift, um kein anderes Geräusch hören zu müssen. Die Stauden, die sie als Gehörschutz mitzogen, haben sie am Eingang von Obergrainau, beim Bärenhaus, weggeworfen, wo sich oft ein ganzer Haufen solcher Reiser befunden haben soll.*

(Hans Holzner)

Im Herbst spukt hier allerdings jemand ganz anderes: Mitte September beginnt die Hirschbrunft. Wenn ihr zu der Zeit in Grainau seid und nachts das Fenster aufmacht, könnt ihr sie vielleicht sogar selbst hören. Die dumpfen, grollenden Rufe des Königs des Waldes dringen kilometerweit. Warum er das tut? Na, um König des Waldes zu bleiben! Denn der stärkste Hirsch mit dem breitesten Brustkorb brüllt am lautesten. Mögliche Rivalen werden so schon von Weitem abgeschreckt. Genau wie so mancher Wanderer – zu unheimlich klingen die Brunftschreie. In der Fantasie wird aus dem dazugehörigen Tier leicht ein schauderhaftes Riesenmonster. Doch keine Sorge, tagsüber müssen sich die Hirsche von ihren nächtlichen Aktivitäten ausruhen. Solange ihr nicht durchs Unterholz pflügt und ihnen direkt auf den Pelz stolpert, tun sie euch garantiert nichts.

Glücklicherweise geht es auf unserem Weg fast nur bergab, sodass wir dem gruseligen Eibseewald rasch »entkommen«. Von der »Christlhütte« aus wird es schon viel luftiger, und der sich anschließende Baderseewald ist nur für seine Rehdichte bekannt. Wir spazieren entweder den vollsonnigen, geteerten Törlenweg hinab nach Obergrainau oder wählen die verschlungene Waldroute am Badersee vorbei, bis wir am Untergrainauer Dorfplatz (hier auch Bushaltestelle) stehen: Rundherum gibt es von der italienischen Eisdiele über das Bäckerei-Café, eine Filiale der Schönegger Käse-Alm oder dem kleinen Edeka-Laden viele Möglichkeiten zur Bekämpfung des kleinen Hungers beziehungsweise eventueller Motivationslücken.

Die »Christlhütte« hatte einmal einen beliebten Biergarten – das ist leider schon 70 Jahre her.

Waldschaukel im Huberpark

Auf Heißhungerattacken sollten wir dringend vorbereitet sein, um den Aufenthalt im Huberpark auch richtig genießen zu können.

Vom Dorfplatz Untergrainau aus führt uns die Straße »Am Krepbach« (geht in den Krepbachfußweg über) nämlich 1 ½ Kilometer am Bach entlang bis zum Huberpark, der von außen recht unscheinbar wirkt. Wer sich aber hineinwagt und nach 200 Metern links über die kleine Bogenbrücke geht, findet im Park rund um die Sommervilla der Münchner Uhrmacherdynastie Huber nicht nur jede Menge Biberspuren, sondern allerlei magische »Lost Places«. Die Krönung: das Badehaus mit dem verfallenen Swimmingpool in Form einer liegenden Acht. An den riesigen Lärchen und Ahornen ringsherum bringen nette Zeitgenossen immer wieder Schaukeln, Schwingseile oder Slacklines an. (Benutzung natürlich auf eigene Gefahr.)

Geheimtipp von Lena

Wer Connections hat (oder den richtigen Ferienhausvermieter), kann eventuell eine Übernachtung im Stadel organisieren. Ich selbst habe das mit elf, zwölf Jahren einmal erleben dürfen. Isomatte, Schlafsack, eine Thermoskanne Tee und draußen die Geräusche von Tieren, die man aber nicht sehen kann … Wir haben uns alle vor Angst fast in die Hosen gemacht und waren am nächsten Morgen sooo stolz auf unseren Mut. Gruseliger geht es wirklich nicht!

Links: Spukt es hier drin oder doch eher drumherum? Ein Wiesstadel am Krepbach

AUSFLUG 3

Steinerne Herzen, der Nikolaus-Ofen und der Bluatschink

Lenas Familienstandardroute führt durch einen wunderbaren Zauberwald voller Geschichten und Entdeckungen. Rechts und links des Weges wuchern Blaubeeren und Pilze und zu den Tiroler Nachbarn ist es nicht mehr weit. Aber Achtung – an der zuweilen reißenden Loisach lauert möglicherweise schon der grauslige Bluatschink …

Tour: Rundweg, Schwierigkeitsgrad mittel, nicht kinderwagentauglich (Treppe)

Route: Badersee – Höhenrain – Loisach – Herrgottschrofen – Bahnhof Untergrainau – Krepbach

Länge / Dauer: 6 Kilometer, 200 Höhenmeter, reine Gehzeit für Erwachsene 90 Minuten

Wo parken / ÖPNV: Im Bereich Badersee (kostenpflichtig), Bushaltestelle »Badersee« beziehungsweise »Dorfplatz Untergrainau«. (Lauschiger Fußweg zum Badersee, aber Achtung: stark als Gassistrecke frequentiert.)

Sagenspaziergang

Klares türkisfarbiges Wasser, darüber das unverbaute Bergpanorama: Der Badersee für sich genommen ist schon einmalig schön.[6] Dank seiner unterirdischen Quellen friert das Wasser auch im strengsten Winter nicht ein – wird aber auch im Sommer nie wärmer als 12 Grad. Auf jeden Fall sollte sich Zeit für ein bisschen Fischefüttern finden. Der nostalgische Futterspender (ein umfunktionierter Zigarettenautomat) an der Uferbalustrade ist übrigens immer noch funktionsfähig. Gleich darüber steht am Hang vor dem Hotel eine Originalgondel der alten Zugspitzbahn (kann leider nur von außen bewundert werden).

Ein unterschätzter Wasserlauf: der Krepbach

---

[6] Die Legende, dass König Ludwig II. ursprünglich hier ein Schloss bauen wollte, ist wohl auf einen cleveren Marketing-Schachzug des damaligen Hotelchefs zurückzuführen. Die zweischwänzige Bronzenixe auf dem Seegrund (ein paar Meter schräg rechts vor der Insel) allerdings stammt wirklich von Schloss Linderhof. Sie blieb bei der Parkgestaltung übrig – und erhielt im Badersee Asyl.

Aber wir haben ja noch viel vor! Deshalb wenden wir uns vom Badersee aus zurück zur Eibseestraße und folgen dem Gehweg ca. 300 Meter ortseinwärts, bis wir links das »Gasthaus Zierwald« sehen. Dort die Straße überqueren – Achtung, es ist Grainaus am stärksten befahrene – und auf dem Zierwaldweg bis zur kleinen Brücke über den Krepbach gehen. Nachdem wir dem Weg über das freie Wiesenstück und um eine Kurve gefolgt sind, biegen wir direkt nach dem letzten Gebäude rechts ab. Jetzt geht es steil (aber ungefährlich) den langen Hügelzug Höhenrain hinauf. Der Höhenrain ist ein Geröllrest aus der letzten Eiszeit, eine sogenannte Seitenmoräne. Früher diente er den Untergrainauern als Allmend, das bedeutet Gemeinschaftsweide. Heute grasen nur noch wenige Kühe hier oben. Für eine leichte Sonnenwanderung ist der Höhenrain sehr beliebt. Wir können der atemberaubend schön gelegenen Kriegergedächtniskapelle mit der Lüftlmalerei vom Drachentöter St. Georg einen Besuch abstatten. Diese Kapelle ist bestimmt nicht von ungefähr dem Heiligen Georg gewidmet, schließlich wäre dieser Ort von Lage und Anbindung her ideal für einen bronzezeitlichen Opferplatz geeignet.

Wir aber kehren jetzt der Kapelle den Rücken und folgen dem Weg Richtung Norden, wo er zwischen den Bäumen zur Loisach hinunter führt. Links abbiegen und ein kurzes Stück auf dem geteerten Weg entlang der Bundesstraße (Radlerrennstrecke!) bis über die Brücke. Hier haben wir zwei Möglichkeiten: Wir können einfach Richtung Griesen ins Niemandsland zwischen Deutschland und Österreich weitergehen. Dort lockt das herrliche Neidernach-Tal mit der Möglichkeit, bis zum Schloss Linderhof weiter zu wandern oder allerlei spektakuläre Bergtouren anzuschließen. Allerdings ist der Weg bis Griesen entlang der stark befahrenen Bundesstraße eher unschön und zieht sich.

Oder wir gehen die schmale Treppe neben der Brücke hinunter und darunter hindurch. Auf der anderen Loisachseite wenden wir uns nach rechts. So können wir nach Belieben bis zum Herrgottschrofen

Mysteriöse Wegmarke: Das Sühnekreuz an der Loisach.

weiterwandern (dort Anschluss zum Kramer-Plateauweg Richtung Garmisch-Partenkirchen). Es geht für einen knappen Kilometer schön flach zwischen Bahnlinie und Loisach flussabwärts, bis wir kurz vor der Bahnbrücke links auf ein grobes Steinkreuz treffen. Einen guten Meter hoch ragt es aus dem Boden und das seit nicht weniger als 500 Jahren! 2005 wurde es von Mitgliedern des Garmisch-Partenkirchener Geschichtsvereins ausgegraben, vorsichtig gereinigt und mit einer Infotafel versehen. Es handelt sich wohl um ein sogenanntes Sühnekreuz: Der Sieger eines Duells musste das Steinkreuz dann zur Sühne für seine Tat errichten. »In Raisting bei Dießen hat man bei einem solchen Kreuze nachgegraben und mancherlei alte Gewaffen und Knochen gefunden«, schreibt die Erzählforscherin Gundula Hubrich-Messow. Eine andere Erklärung ist, dass es an dieser Stelle 1793 einen Raubmord gab, an den der »Mordstein« erinnert. Die Werdenfelser Sagenwelt dagegen beschäftigt sich mit »ihrem« Kreuz an der Loisach nicht, meint der Heimatforscher Anton Jocher.[7] Ganz auszuschließen sei nur eins: eine rein kirchliche Bedeutung des Steinkreuzes. Vielleicht handle es sich also doch um einen besonders prächtigen Grenzstein, schlussfolgert Jocher.[8] Festzuhalten bleibt nur eins: Ganz allgemein ist es in dieser Gegend zwischen den Grenzen nicht ganz geheuer.

---

7 1990 im Magazin GROANA des Grainauer Geschichtsvereins Bär & Lilie.

8 Der kleine Grenzort Griesen übrigens gehört nicht zum näher gelegenen Grainau, sondern zu Garmisch-Partenkirchen. Die Luftlinie ist im Gebirge nämlich nicht immer der leichteste Weg: Die natürliche

Die feurige Kugel

Mit achtzehn, neunzehn Jahren war ich Knecht im Forsthaus Griesen. Einmal bin ich mit dem Pferdewagen vom Bierholen aus Garmisch zurückgekommen, als es schon dunkel war. Bei da Kloa [Flurname vor Griesen] *kommt auf einmal eine feurige Kugel neben dem Fuhrwerk daher, überholt mich und rast die Loisach flußabwärts davon. Das Pferd wollte gar nicht mehr weitergehen. Ja, ich bin ein Sonntagskind und die sehen alles. Das Gleiche habe ich gesehen, wie ich einmal mit dem Fuhrwerk von Eschenlohe herabgekommen bin. Da haben die Pferde auch nicht mehr gehen wollen. Ein Bauer hat gesagt, dass das von Erdausdünstungen kommt. Das glaube ich nicht.*

(Erzählt 1948 von Johann Buchwieser,
Lannesnhannes aus Untergrainau)

Nach der langen Gerade entlang der Bahngleise, wenn es wieder kurviger in den Wald geht, müsst ihr die Augen aufhalten: Entdeckt ihr die alte steinerne Eisenbahnbrücke? Kurz danach kommt am linken Wegesrand ein Felsstück mit besonderer Dekoration. Dort haben nette Unbekannte, wohl über Jahre hinweg, immer wieder herzförmige Steine aufgestellt. Zugegeben, man muss schon genau hinsehen. Lena ist bestimmt schon 100-mal daran vorbeigelaufen, ohne die Herzerlwand zu bemerken. Aber wenn man den »Herzerl-

---

Barriere des Höhenrains kann nur zu Fuß überquert werden. Hier sind wir klar im Vorteil!

Habt ihr sie entdeckt? Detail der Herzerlwand

Im Sommer bleibt der Sanaklos-Ofen leider kalt.

Blick« einmal drauf hat, entdeckt man sie überall … vielleicht mögt ihr ja eines dazustellen!

Übrigens könnt ihr auf der weiteren Strecke Richtung Herrgottschrofen auch noch den Backofen des Heiligen Nikolaus finden. Denn bei uns erzählte man den Kindern früher, dass der Nikolaus (oder Sanaklos) seine süßen Mitbringsel jeweils an einem Ort in der näheren Umgebung ganz frisch backen würde, um nicht so viel schleppen zu müssen. Ganz regional und bio also – und zwar aus Steinen! Im »Sanaklos-Ofen« werden diese dann zu köstlichen Plätzchen, Früchtebroten und Nüssen. Ob es dieser hier ist?

Das flache Ufergelände am Herrgottschrofen eignet sich prima zum Kajaksbeobachten, Füßebaden und zum Sammeln von Loisachkieseln. Über die lange hölzerne Fußgängerbrücke und die B23 hinweg geht es am Bahnhof Untergrainau vorbei auf der linken Straßenseite zum Krepbachweg, der uns an der Südflanke des Höhenrains und am Krepbach entlang gemütlich flach wieder nach Untergrainau zu unserem Ausgangspunkt bringt.

Geheimtipp von Lena

Zwischen Außerfern-Bahn, Bundesstraße und Mountainbike-Trail ist das Wild sowieso schon einiges gewohnt und der Wald ein ideales Revier, um pflanzliche Schätze zu suchen. Im Juni gibt es Walderdbeeren, bis in den August hinein noch Blaubeeren und

im September wilde Brombeeren. Die sind zwar klein, aber dafür umso aromatischer. Wir ergänzen unsere Funde mit Gartenobst, kochen lila-schwarze Konfitüre und geben ihr geheimnisvolle Namen wie »Ruf der Wildnis« oder »Zwergenzauber«: das Loisachtal zum Aufs-Brot-Schmieren.

Geheimtipp von Henny

Nehmt euch am Loisachufer schön in Acht vor dem Bluatschink! Er steht in einer Reihe mit schauderhaften Wesen, die rund um die Welt unbeaufsichtigte Kinder vom Wasser fernhalten sollen: Im gälisch-keltischen Raum lauert der Kelpie, im Norden der Nöck, im Rhein die grausamen Nixen und bei uns eben der Bluatschink. Er ist oben zottiges Raubtier, unten Mann. Die Linder-Oma von Höflers aus Peiting hat uns immer vor ihm gewarnt, wenn wir mit unseren Freundinnen an der Loisach spielen wollten. Ursprünglich lebt er in den Tiroler Flüssen, aber auch im Lech und der fließt – wie die Isar – in die Donau. Von dort muss er also nur ein bisserl flussaufwärts schwimmen, um hier im Loisachtal auf die Jagd zu gehen. Seinen Namen – »Blutschenkel« – hat er von den nackten, knallroten Männerbeinen. Und was frisst er außer frischem Fisch am liebsten?

AUSFLUG 4

Zwergenspuk am Kramer

Schön sonnig und weitestgehend flach: Der Kramerplateauweg oberhalb von Garmisch ist auch als »Rentnerrennstrecke« bekannt. Zu Unrecht! Führt er doch an uralten Stollen und Wohnhöhlen der Zwerge vorbei … Auf dem Rückweg lassen sich eine merkwürdige alte Skulptur, ein nagelneuer Fußgängertunnel und nicht zuletzt der herrliche Riesenspielplatz »Am Loisachbad« entdecken.

Tour: Rundweg, Schwierigkeitsgrad mittel, kinderwagentauglich

Route: Herrgottschrofen – Kramerplateauweg – Kriegergedächtniskapelle Garmisch – Loisachuferweg – »Am Loisachbad« – Herrgottschrofen

Länge / Dauer: 2 ½ Stunden beziehungsweise 8 Kilometer auf unserer Runde zur Kriegergedächtniskapelle und entlang der Loisach zurück. Rund 100 Höhenmeter. Beliebig abkürz- oder auch verlängerbar.[9]

---

9 Links neben dem Herrgottschrofen beginnt der Weg zur im Sommer bewirtschafteten »Stepbergalm« über das »Gelbe G'wänd«, eine spektakuläre gelblich-braune Felslandschaft wie aus einem Science-Fiction-Film. Für schwindelfreie, trittsichere größere Kinder eine grandiose Touridee. Hin und zurück müssen mindestens 5 Stunden eingerechnet werden. Einstieg auch bei der Gaststätte »Almhütte« möglich.

Wo parken / ÖPNV: Wanderparkplatz Herrgottschrofen an der B23, Bahnhof Untergrainau

Sagenspaziergang

Ja, der Kramer: Dieser Berg hat es nicht leicht. Auf der gegenüberliegenden Talseite sonnen sich die hellen Kalksteinwände des Wettersteingebirges in der Aufmerksamkeit der Welt und in nördlicher Richtung ist halt … der Kramer. Keine Seilbahn, keine Gleise, keine Klamm. Zugegeben, von unten betrachtet schaut er nicht sehr beeindruckend aus. Dabei hat der Kramer mindestens genauso viele innere Werte wie die Zugspitze!

Wenn man vom Bahnhof Untergrainau zum Herrgottschrofen läuft, muss man erst die Gleise und dann die B23 überqueren. Das ist manchmal ein kniffliges Unterfangen. Doch kaum sind wir zum Wanderparkplatz hinab und über die schöne hölzerne Fußgängerbrücke über die Loisach gegangen, befinden wir uns in einer

Lohnendes Kraxelziel auf 1592 Metern Meereshöhe: die »Stepbergalm« an der Nordwestflanke des Kramer

friedlich-flachen Uferlandschaft, die sich wunderbar zum Spielen und Picknicken eignet. Wer entdeckt die ersten Kletterer am Herrgottschrofen? Dieser Fels mit dem einprägsamen Namen ist die wohl größte und bekannteste Nagelfluh-Formation im Loisachtal. Kletterer lieben Nagelfluh, weil man sich an den vielen »eingebackenen« Kieselsteinen super festhalten kann.

Wenn wir gleich links vor dem Herrgottschrofen den Einstieg zum Kramerplateauweg nehmen (keine Sorge, es geht nur am Anfang etwas steil hinauf), schiebt sich der grüne Riese Kramer langsam vor uns ins Bild. Er ist breit und wirkt von dieser Seite aus ziemlich formlos.[10] Das sonnige Plateau an seinem Fuß ist gut besucht, vor allem rund um das Tierheim. Achtung, viele Gassigeher! Auf Höhe des Gasthofs »Almhütte« (an dem wahrscheinlich imposantesten Wegweiser Oberbayerns – sieht er nicht aus wie ein indianischer Marterpfahl?) erweitert sich aber das Wegenetz. Schon könnt ihr versuchen, dem unaufdringlichen, vielseitigen Kramer eins seiner zahlreichen Geheimnisse zu entlocken. Bereits vor mindestens 600 Jahren schürften, klopften und hämmerten die Bergleute an seinen Hängen wie fleißige kleine Ameisen. Rund um den Kramer findet man uralte Stolleneingänge und Mulden, wo Glücksjäger vergangener Zeiten Probegrabungen machten. Was sie da suchten? Seltene Erze? Gold?

Tatsächlich wurden im Kramergebiet bereits 1477 Silberadern entdeckt. Der bayerische Herzog Albrecht IV. wollte sie gerne ausbeuten und erließ wenige Jahre später extra eine Bergwerksordnung, doch wirklich reich wurde mit dem Werdenfelser Silber niemand. Zu schwach waren die Vorkommen, zu groß die Konkurrenz aus dem benachbarten Tirol. Das bedeutet allerdings auch, dass das Silber immer noch im Kramer drin ist … Die Wortwurzel des Kramers »Kra-

---

10 Dafür besticht seine Ostflanke mit einer atemberaubenden Felswand. Dieser sogenannte Königsstand muss den Vergleich mit dem Half Dome im kalifornischen Yosemite Valley nicht scheuen, siehe auch unser Ausflug 9.

ma« stammt aus dem Illyrischen und bedeutet »Zelt«. Und so sieht der Berg auch aus, wenn man von Norden her in das Loisachtal hineingeht.

Das mächtige »Zelt« des Kramermassivs lässt freilich eher an Riesen denken als an Zwerge. Der Kramer ist stabil, der bricht so schnell nicht zusammen. Auch das gewaltige Bauvorhaben des Kramertunnels in seinem Südhang, gegen den sämtliche Anstrengungen der Zwerge verblassen, hat ihn bislang nicht ins Wanken gebracht. Allerdings zeigte er auch hier, dass man ihn nicht unterschätzen darf: Der hohe Druck durch das »Bergwasser« stellte die Ingenieure vor gewaltige Probleme.[11] Ja, man sollte auch die kleinen Kerle mit den Zipfelmützen immer schön ernst nehmen. Was ansonsten passieren kann, zeigt uns die Sage »Der Gemsjäger«. Oben auf dem Kramer, über den Steilhängen des Königsstands, fühlen sich die Gemsen nämlich auch heute noch wohl.

Der Gemsjäger

Ein Gemsjäger stieg auf und kam zu dem Felsgrat und immer weiter klimmend, als er je vorher gelangt war, stand plötzlich ein hässlicher Zwerg vor ihm, der sprach zornig: »Warum erlegst du mir lange schon meine Gämsen und lässest mir nicht meine Herde? Jetzt sollst du's mit deinem Blute teuer bezahlen!«

Der Jäger erbleichte und wäre bald hinabgestürzt, doch fasste er sich noch und bat den Zwerg um Verzeihung, denn er habe nicht

[11] Die notwendigen Entwässerungsmaßnahmen im Berg mussten mit einem künstlichen Bewässerungssystem an den Hängen verbunden werden, um die dortigen Quellmoore mit ihrer einzigartigen Fauna nicht austrocknen zu lassen.

gewusst, dass ihm diese Gämsen gehörten. Der Zwerg sprach: »Gut, aber lass dich hier nicht wieder blicken, so verheiß ich dir, dass du jeden siebenten Tag Morgenfrüh vor deiner Hütte ein geschlachtetes Gemsthier hangen finden sollst, aber hüte dich vor mir und schone die anderen.« Der Zwerg verschwand und der Jäger ging nachdenklich heim und die ruhige Lebensart behagte ihm wenig. Am siebenten Morgen hing eine fette Gämse in den Ästen eines Baums vor seiner Hütte, davon zehrte er ganz vergnügt und die nächste Woche ging's ebenso und dauerte ein paar Monate fort. Allein zuletzt verdross den Jäger seine Faulheit und er wollte lieber selber Gämsen jagen, möge erfolgen, was da werde, als sich den Braten zutragen lassen. Da stieg er auf und nicht lange, so erblickte er einen stolzen Leitbock, legte an und zielte. Und als ihm nirgends der böse Zwerg erschien, wollte er eben losdrücken, da war der Zwerg hinten her geschlichen und riss den Jäger am Knöchel des Fußes nieder, dass er zerschmettert in den Abgrund sank.

Andere erzählen: Es habe der Zwerg dem Jäger ein Gemskäslein geschenkt, an dem er wohl sein Lebelang hätte genug haben mögen, er es aber unvorsichtig einmal aufgegessen oder ein unkundiger Gast ihm den Rest verschlungen. Aus Armut habe er demnach wieder die Gemsjagd unternommen und sei vom Zwerg in die Fluh[12] *gestürzt worden.*

(Gebrüder Grimm, Deutsche Sagen, Zweiter Theil)

Der Geschmack von zwergischem Gamskäse ist bestimmt nicht für jeden etwas. Er geht vermutlich in Richtung Ziege. Und doch ist der Gamskäse als Symbol für niemals endenden Reichtum im

[12] Da ist es wieder, dieses Wort »Fluh« – nur ohne Nagel! Es bedeutet so viel wie »Felswand«. Ein weiterer Hinweis darauf, dass sich das Drama um den Gemsjäger genau hier abgespielt haben könnte.

Es muss nicht immer die Zugspitze sein: das Loisachtal mit dem Kramer (rechts)

Alpenraum weit verbreitet: Sobald man nämlich ein Stück davon abschneidet, wächst es über Nacht wieder nach. Die Proteinversorgung ist damit auch im kärglichsten Bergtal gesichert. Man darf ihn nur nicht ganz aufessen. Denn dann ist er weg und im nächsten Winter muss wieder gehungert werden. Falls ihr also unterwegs einem Zwerg begegnet und er euch einen Gamskäse schenken sollte – gut aufheben! Auch wenn er euch selbst vielleicht nicht unbedingt schmeckt. Für solche Delikatessen zahlen manche Erwachsene eine Menge Geld.

Rund um den Kramer haben sich sehr viele mysteriöse Begegnungen mit dem Zwergenvolk zugetragen. Die meisten davon gruppieren sich rund um die sogenannte Schwarze Wand, eine Felsformation an der Südflanke. »Ein steil abfallender Felsen, von dem aus wilde, tiefe Klüfte in das Berginnere führen«, schreibt der Garmischer Heimatforscher Anton Jocher. Dort hausen sie glücklich und zufrieden, angeblich noch heute. Man darf sie nur nicht ärgern!

Das Volk der Venediger – Bewahrer geheimnisvoller Schätze

Oft sollen die Venediger [Manndln] *sogar bis ins Tal kommen, vornehmlich zur Winterzeit. Sie laufen, finsteren Schatten gleich, eingehüllt in schwarze Umhänge mit Kapuzen, ausgestattet mit Laternchen, übers »Leitle« in den Ort, klopfen an die Türen der Häuser und begehren Einlass. Die Hausbewohner empfangen sie freundlich. Die Venediger wärmen sich am Herdfeuer und trinken heiße Milch mit Honig. Wenn sie sich gelabt haben, verraten sie den Hausfrauen manch wertvolles Geheimnis der Kochkunst und Heilkräuter-Rezepte. Sie kennen nämlich alte Heiltränke und Mittelchen, die den Talbewohnern nicht bekannt sind. […] Schon vielen, die unverschuldet vom Weg abgekommen waren, sollen sie selbstlos geholfen haben. Auch verpflegten sie Bergwanderer, die sich in der Nähe der Schwarzen Wand verletzten oder vom Weg abkamen. Wehe jedoch demjenigen, der es auf ihre Schätze, die sie eifersüchtig hüten, abgesehen hat! Furchtbare Rache wird jenen zuteil, die sich in die schwindelnde Höhe emporwagen, in die einsamen, düsteren Klüfte dringen, um nach dem Gold und Silber, nach Edelsteinen und sonstigen Zimelien zu forschen, die sie im Reich der Venediger zu finden glauben.*

In früherer Zeit schrieb man die Unfälle einsamer Wanderer, die sich im Gebiet um die Schwarze Wand ereigneten, jener Sage zu, die von der Rache der Venediger spricht, wenn sie vermuteten, dass der einsame Wanderer es weniger auf die seltenen Alpenblumen oder auf den Reiz des Kletterns als vielmehr auf die Schätze der geheimnisvollen Berggeister abgesehen hat.

(Gekürzt nach Anton Jocher)

Wollen wir jetzt einmal selbst bei der Schwarzen Wand nachsehen? Vielleicht sehen wir noch ein kleines Männlein mit langem Bart davonhuschen …

Die Schwarze Wand liegt ein wenig oberhalb der »St. Martinshütte« und verfügt seit einigen Jahren über eine stählerne Aussichtsplattform. Etwas größeren, bergerfahrenen Zwergen sei der Ausflug zur »St. Martinshütte« auf jeden Fall empfohlen: Aussicht und Bewirtung sind grandios, im Winter ist der Weg zurück ins Tal eine beliebte Rodelstrecke.[13] Mit kleineren Kindern gehen wir einfach nach dem Gasthof »Almhütte« weiter Richtung Garmischer Kriegergedächtniskapelle. Auf halber Strecke dorthin queren wir das kiesige Flussbett der Ackerlelaine. Von hier aus haben wir einen guten Blick hinauf zur Schwarzen Wand. Aber auch rund um die Kriegergedächtniskapelle, am womöglich aussichtsreichsten Naturspielplatz des Tals, können wir noch ein wenig nach Gold und Silber schürfen.

Huch, wer ist dieser arme Kerl?

Der Rückweg geht am Sportstadion »Am Gröben« vorbei und dann immer am Loisachuferweg entlang. Eine Holzbrücke führt bald ans andere Flussufer zu einem gepflegten Freizeitpark mit vielen Spiel- und Turngeräten und angeschlossener kleiner Gastronomie – das alles bei freiem

13 Aber Achtung vor dem »Magnetbaum«. An einer knorrigen Bergfichte in einer besonders steilen Kurve sind tatsächlich schon mehrere Menschen zu Tode gekommen, sowohl Rodler als auch Mountainbiker. Also vorsichtig fahren!

Eintritt. Er trägt den historischen Namen »Loisachbad«, der heute etwas in die Irre führt (früher konnte man hier tatsächlich baden). Pritscheln ist aber immer noch erlaubt.

Betonreich geht es weiter, zwischen dem Stützpunkt der amerikanischen Streitkräfte und den Unterkünften ihrer Angehörigen. Doch die Beschilderung Richtung Herrgottschrofen ist gut und am Ende der Wohnbunker treffen wir auf eine merkwürdige Skulptur, ebenfalls aus Beton: Da reitet ein heulendes, nacktes Riesenbaby rückwärts auf einer Schildkröte ohne Kopf!

Wegen des neuen Kramertunnels gestaltet sich das letzte Wegstück arg unspektakulär geradlinig. Das letzte Highlight ist die Fußgängerunterführung mit dem schaurig-schönen Nachhall.

Geheimtipps von Henny & Lena

Lust auf ein Zwergenpicknick bekommen? Alles Wurzelige wie Rüben oder Radieschen passt perfekt. Auch ein kerniges Brot und würzige Würstchen schmecken den fleißigen Bergbauexperten. Nur der Gamskäse fehlt natürlich. Doch der Ziegenkäse aus dem lokalen Käseladen ist ein guter Ersatz zum Ausprobieren. Und wer keine heiße Milch mit Honig mag: Natürlich ist auch Tee oder Saftschorle erlaubt.

Den König der Wälder mal ganz nah erleben? In der dunklen Jahreszeit findet am Wintergatter westlich des auch als »Windbeutel-Alm« bekannten Restaurants »Almhütte« eine öffentliche Wildfütterung statt. An ausgewählten Terminen können dabei majestätische Hirsche bewundert werden, nur wenige Meter von der hölzernen Aussichtsplattform entfernt. Aber Achtung, es sind immer noch wilde Tiere und das sollen sie auch bleiben! Ähnlich wie bei der Quellfee Mundl (Ausflug 11) empfehlen sich Ruhe und ein Dahinschleichen auf Zwergen-, äh, Zehenspitzen!

AUSFLUG 5

Auf Drachenpirsch durch Garmisch-Partenkirchen

Drachen gibt es gar nicht in echt? Aber hallo! Bei uns schon und zwar seit tausenden von Jahren. Die Dachstühle der alten Bauernhäuser in den Alpen wimmeln nur so davon. In die sogenannten Firstpfetten geschnitzt, schützen sie das Gebäude vor Sturm und Unwetter aller Art. Wer diesen Spaziergang zur Zeit der Herbststürme plant, sollte sich allerdings vor der Wilden Jagd in Acht nehmen, sonst landet er statt in der historischen Ludwigstraße noch im Engadin!

Tour: Schwierigkeitsgrad einfach, kinderwagentauglich

Route: Garmisch-Partenkirchen: Wittelsbacher Park – Fürstenstraße – Alte Pfarrkirche St. Martin – Von-Müller-Straße – Schneggensteg – Griesgartenstraße – Marienplatz

Länge / Dauer: Ca. 4 Kilometer / nach Belieben

Wo parken / ÖPNV: Für Autofahrer bieten sich die kostenpflichtigen Parkplätze an der Zugspitzstraße beziehungsweise am Marienplatz an. Diese sind aber gut frequentiert. Gratis parken ist (noch) am Wittelsbacher Park möglich. Wer schon in Garmisch-Partenkirchen ist: einfach losstiefeln. Vielleicht findet ihr auf dem Weg ja noch einen bisher unbekannten Drachen …

Das Spiel mit dem Feuer: Der Mythos vom Hausdraken

Drachen, fürchterliche Ausgeburten der Hölle? Weit gefehlt! In der Vorstellung unserer Vorfahren sind Draken recht praktische, etwa katzengroße Tiere. Sie leben in der Glut, wo sie sich gemütlich zusammen ringeln. Sie hüten das Herdfeuer und damit sozusagen den Kern des ganzen Haushaltes. Denn mit dem Herdfeuer erlosch auch das Hausrecht. Es durfte also bloß nicht ausgehen, weshalb man seinen Hausdraken am besten nicht länger aus den Augen ließ: Rechtzeitig mit frischem Brennmaterial füttern, regelmäßig die alte Asche entfernen … die Analogie zu anderen Haustieren ist deutlich. Doch der Drake dankt die gute Behandlung auch in der realen Welt. Wenn er durch einen richtig angelegten, freien Luftabzug/Kamin ungehindert nach draußen sausen kann, dann tut er das tagsüber fleißig. Abends kommt er brav wieder zurück, bringt Wohlstand mit und verteidigt »sein« Haus in der dunklen Nacht gegen das Böse, gegen Sturm, Blitze und Brandstiftung. Wer sich um seinen Draken allerdings nicht richtig kümmert und ihn vernachlässigt, der braucht sich auch nicht wundern, wenn er außer Kontrolle gerät. Dann wird aus dem kleinen Glutbewahrer schnell ein wütender Feuerteufel, der dem eigenen Haus den »Roten Hahn« aufs Dach setzt – das ist eine andere, sagenhafte Allegorie für das Feuer.

Auf der Pirsch nach den Drachen ist ein wunderbarer Weg durch das alte Garmisch vorgezeichnet. Der Start ist an einem der großen Parkplätze, die sich an den Kurpark Garmisch anschmiegen. Am besten vom Parkplatz Wittelsbacher Park aus, da man von hier aus schon den alten Kern von Garmisch sehen und sogar einige drachenspezifische Vorzeichen erkennen kann. Von hier aus geht es nämlich gleich an den Loisachuferweg unter das schützende Dach uralter Kastanien. Schaut euch diese Kastanien gut an: die dicken Stämme, ihren Wuchs und die ausladenden Baumkronen. Die ersten paar Kastanien sind noch ganz unauffällig und normal, doch die vorletzte in der Reihe fällt sofort durch ihren stark gewundenen, gedrehten Stamm auf. Wenn man nach links über die Straße blickt, sieht man eine identisch »verdrehte« Kastanie weiter hinten auf einem Privatgrundstück … spannend deshalb, weil alle weiteren Bäume wieder ganz normal gewachsen sind.

Erinnert an eine Spiralnudel: verdrehte Kastanie am Loisachufer

Aber warum haben diese beiden Kastanien so einen Drehwurm? Nein, hier hat sich kein Gärtnermeister der Vergangenheit einen Scherz erlaubt. Hier wirken ganz andere Kräfte. Stellt euch doch mal nah an den gewundenen Stamm und schließt die Augen! Was auch immer ihr jetzt spürt – es ist sicher nichts Angenehmes. Vielleicht kommen unangenehme Erinnerungen hoch, vielleicht fühlt ihr auch nur Herzklopfen oder ein merkwürdiges Bitzeln an den Fußsohlen. Na? Spürt ihr etwas? Dann schnell weg! Ein paar Meter genügen schon, um sich die Sache mal aus sicherem Abstand anzugucken. Denn diese beiden Kastanien stehen auf einem hochnegativen Energiepunkt. Unter ihren Wurzeln (und euren Füßen) verlaufen geologische Spannungen. Wir Menschen haben zumeist verlernt, diese Kraftlinien zu fühlen. Doch die unglückliche Kastanie, die vor gut 150 Jahren hier gepflanzt wurde, spürte es von Anfang an – und versuchte sich im Verlauf ihres Wachstums von der negativen Energie wegzudrehen. So kam ihr markant verdrehter Stamm zustande.

Bei einer von Henny Schübels Ortsführungen hat diese »ungute« Stelle schon einmal fast für einen medizinischen Notfall gesorgt: Als sie sich an der Loisachkreuzung mit einer Gruppe Touristen traf, lehnte sich ein älterer Herr in der Wartezeit nichtsahnend an die verdrehte Kastanie. Plötzlich wurde ihm ganz schwindlig, sein Kreislauf schwächelte. Schnell beorderte Henny ihn von der »Spezialkastanie« weg. »Das war sozusagen im letzten Moment«, erinnert sie sich. »Ein paar Meter weiter, am Zaun zur Loisach, hat er sich aber schnell wieder erholt.«

Tatsächlich werden solche rechts- oder linksdrehenden Bäume in der Natur von Zimmerleuten gesucht, weil sie deren Holz besonders gut für Zargenverbindungen verwenden können. Der entstehende Verbund hält bombenfest, die gegenläufigen Holzstücke greifen richtig ineinander. Merkt euch das eher unangenehme Gefühl bei der verdrehten Kastanie! Es sollte für heute das letzte Mal sein, denn Drachen findet man vorwiegend an Plätzen mit positiv aufgeladener Erdenergie. Also dort, wo sich Menschen auch wohlfühlen.

Nun gehen wir über die Loisachbrücke, queren die Burgstraße und marschieren schon auf die nächsten großen Kastanien zu. Diese hier sind auch Anzeiger für einen besonderen Platz – und zwar für einen Biergarten. An dieser Stelle stand nämlich bis zu seinem Abriss 1912 das Garmischer Brauhaus. Kastanien wurden gerne über die Eiskeller von Brauereien gesetzt, weil sie Flachwurzler sind und deshalb nicht durch die Kellerdecken wachsen. Außerdem sorgen ihre breiten, dichten Baumkronen auch noch für angenehmen Schatten und damit ideale Biergartenatmosphäre im Sommer.

Üppige Lüftlmalerei am Haus »Zum Husaren« in Garmisch-Partenkirchen

Jetzt sind wir mitten im alten Ortskern von Garmisch. Gleich gegenüber gibt es drei wunderschöne Beispiele von Werdenfelser Giebelbundwerken zu bestaunen. Auf dem weiteren Weg zur Alten St. Martins-Kirche sticht ein einmaliges Beispiel für Lüftlmalerei ins Auge: Das Haus »Zum Husaren« im Empirestil mit dem aufgemalten sogenannten Friedensfenster. Entdeckt ihr die beiden Soldaten, die auf die Straße runterschauen? Sie wirken vertraut, wie gute Kumpels. Sie stellen einen habsburgerischen Husaren (links) und einen bayerischen Grenadier dar. Diese beiden Gruppen waren in den Napoleonischen Kriegen allerdings in Wirklichkeit verfeindet.

Die im Haus »Zum Husaren« einquartierten verbündeten Franzosen gingen dem Wirt damals tierisch auf den Senkel, da sie nichts zahlten, viel kaputt machten und nur Schweinebraten, Wein und Bier im Kopf hatten (das vom Garmischer Brauhaus gleich um die

Ecke vermutlich). Er hatte die Idee, den Soldaten einen Geheimpfad hinüber ins Leutaschtal zu zeigen, damit sie dort die Scharnitzer Festung Porta Claudia umgehen und den kaiserlichen Truppen der Österreicher sozusagen in den Rücken fallen konnten. Drei mutige junge Förster aus dem Isartal übernahmen die knifflige Aufgabe. Der Krüner Johann Triesberger sowie die Brüder Anton und Zölestin Wurmer führten 2500 französische Soldaten im Gänsemarsch über die Berge. Es funktionierte: Die Franzosen überraschten die habsburgischen Österreicher, gewannen haushoch und kamen nicht mehr wieder. Das war am 4. November 1805. Ein Jahr später bemalte ein Lüftlmaler die Fassade neu – und verewigte die beiden lustigen Trinkbrüder im Friedenszustand. Den geheimen, kriegsentscheidenden Pfad nach Tirol gibt es in Mittenwald immer noch. Er heißt seitdem »Franzosensteig«.

Aber halt! Die gut gelaunten Soldaten haben euch glatt ein wenig von der eigentlichen Mission abgelenkt: der Drachenpirsch! Die fünf gierig züngelnden Drachen im Gebälk über dem Soldatenfenster fletschen ihre Zähne seit 1735, als das Gebäude von 1611 »modernisiert« wurde. Seit knapp 300 Jahren also wachen sie da oben über das Schicksal des Gasthauses mit der Weinschanklizenz. Sie weisen auch darauf hin, dass wir uns in unmittelbarer Nähe eines Drachenplatzes befinden, denn der Boden, auf dem die Alte Pfarrkirche St. Martin steht, war schon vor 3000 Jahren ein Ort der Verehrung für die Sommergöttin Ainbeth.

Gleich gegenüber der Alten St. Martins-Kirche kommt auch schon der nächste Drache ins Visier: Der Meßmer-Hof mit dem wunderbaren Bauerngarten wird gleich von zwei Drachenköpfen bekrönt. Unbedingt prüfen, ob der Haussegen (das Kreuz dazwischen) schief oder doch mal gerade steht/hängt! Hier lassen sich auch viele weitere Schutz- und Abwehrzauberzeichen finden: Widderköpfe, Zunderschwämme und oben im Giebel zwei Schützenscheiben. Die zeigen den Dämonen, dass sich hier jemand aufs Schießen versteht. Unsere Vorfahren ließen nichts unversucht, um Haus und Hof vor Schäden zu bewahren. Gegen Blitzschlag sollten beispielsweise Hasenpfoten helfen, gegen Gewitter geweihte Kräuterbündel, sogenannte Wetterbuschen. Und gegen Stürme, die die Schindeln fliegen ließen und vielleicht noch das ganze Dach mitnehmen wollten, versuchte man es mit Drachen. Diese mussten am besten in Nordwestrichtung ausgerichtet sein, weil der Sturm im Loisachtal meistens von dorther kommt. Schaden kann so ein anständiger »Hausdrache« ja nicht. Und außerdem sehen die geschnitzten Wächter einfach sagenhaft gut aus!

Bestimmt habt ihr jetzt schon den richtigen Blick für die fauchenden Tatzelwürmer entwickelt und entdeckt sie selbst. Ob durch die Frühlingsstraße, über den sogenannten Schneggensteg[14] der Loisach entlang bis zur oberen Loisachbrücke und zurück: Überall schlängeln und züngeln sie. Ein gutes Drachenrevier sind auch die Griesgartenstraße oder das Saliterer-Viertel mit der Kreuzstraße. Gleich mehrere besonders schöne, zähnefletschende grüne Drachen mit roten Feuerzungen und spitzen Reißzähnen finden sich im Gebälk der Von-Müller-Straße 22. Vielleicht hat das schräg gegenüberliegende Wirtshaus »Wolpertinger« seinen Namen nicht von ungefähr …

Übrigens gibt es an großen Kathedralen des frühen Mittelalters oft ganz ähnliche Figuren: Wasserspeier oder Gargoyles (vom französischen »gargouille«, das mit unserem Wort »gurgeln« verwandt ist). Diese dämonischen »Gurgler« speien das Wasser aus den Regenrinnen schnell vom Kirchendach weg, damit es nicht im Mauerwerk versickern kann. Die Symbolik ist die gleiche, nämlich das Verscheuchen von bösen Mächten. Wer einen Drachen hat, braucht weder Teufel noch Unwetter fürchten. Trotzdem ist es angeraten, rechtzeitig zum Sechsuhrläuten zuhause zu sein. Im Dunkeln sind die schönen Drachen ja gar nicht mehr zu sehen. Es gibt aber noch einen weiteren Grund: in der dunklen Jahreshälfte, besonders zur

---

[14] Der Schneggensteg hat nichts mit Schnecken zu tun, sondern mit dem alten Hausnamen »Zum Schnegg«.

Zeit der Herbststürme und in den Raunächten zwischen Weihnachten und dem Dreikönigstag, gehört der Himmel der Wilden Jagd. Besonders in den engen Gassen von Partenkirchen sollte man sich vor ihr in Acht nehmen, denn dort entführte Odins Himmelsheer im November 1815 einen jungen Mann aus Garmisch …

Eine weite Reise mit der Wilden Jagd

Der Ostler Peterle hätte die Warnungen nicht so einfach in den Wind schlagen sollen. Niemals nach dem Sechs-Uhr-Läuten vor die Tür gehen! Denn die Nächte ab dem 1. November, die gehören den »Anderen«. Aber wenn es auf der Hochzeitsfeier im Gablerwirt doch so lustig ist … und so wird es an diesem Abend spät. Zu spät. Als der junge Bursch mit seinen Kameraden den Gablerwirt verlässt, ist es bereits nach 23 Uhr. Beinahe Geisterstunde. Es saust und braust schon um sie her, ein merkwürdiger Ton wie von weit entferntem Gesang liegt in der Luft. Laub wirbelt durch die engen Gassen, Fensterläden und Dachschindeln klappern. Auf einmal rast vom Kramer herab eine brüllende Wolkenwalze heran, reißt den Peterle vor den Augen seiner entsetzten Spezln mit unsichtbaren Händen in die Luft, zerrt ihn über die Dächer auf und davon Richtung Süden. Weg war er, der Peterle. Überall suchten seine Freunde nach ihm, ohne aber die geringste Spur von ihm zu finden. Zwölf Tage danach, als alle die Hoffnung schon aufgegeben hatten, schleppte sich plötzlich ein zerlumpter, zerschundener Kerl ins Dorf. Abgemagert und mit irrem Blick – niemand anderes als der Ostler Peterle. Auf die Frage, wo er denn gewesen sei, konnte er zuerst gar nichts sagen. Tagelang war er zu erschöpft und wohl auch zu traumatisiert zum Sprechen, lag nur im Bett. Als seine Fa-

milie ihn endlich wieder soweit hochgepäppelt hatte, dass er reden konnte, sagte er nur: »Im Engadei, im Engadei!« Also im schweizerischen Engadin, mitten in den Zentralalpen. Die Wilde Jagd hatte den armen Mann bis über den Alpenhauptkamm gewirbelt, 150 Kilometer Luftlinie bis ins tiefste Inntal hinein. Dort sei er auf einem Feld zu sich gekommen, berichtete er. Er hätte sich überhaupt nicht ausgekannt, die Berge um ihn herum noch nie gesehen. Die Sprache der Bauern verstand er nicht. Ein paar mitleidige Leute steckten dem vermeintlichen Landstreicher etwas zu Essen zu, damit machte sich der Peterle einsam und allein auf den Heimweg ins Loisachtal. Er kam zwar wieder zu Kräften, erholte sich aber nie mehr wirklich von dem entsetzlichen Erlebnis und starb als einsamer Mann.

Die Geschichte vom Ostler Peterle und seiner unfreiwilligen Reise ins Engadin überzeugte die Leute damals so sehr, dass sie es sogar als Tatsachenbericht in die Garmischer Ortschronik schaffte.

Um die letzte Jahrhundertwende herum erlebte auch der kleine Johann Buchwieser aus Untergrainau die Macht des »Nachtgejaids«. Sein Vater hatte am 11. November, dem Feiertag St. Martin, eine dringende Reparatur erledigt. Da das Arbeiten an Feiertagen aber streng verboten war, steckten ihn die Gendarmen, wie die Polizisten damals hießen, für einen Tag ins Garmischer Gefängnis. Sein Sohn Johann kam ihn abholen. Weil es schon sehr dunkel und spät war, wollte der Vater erst nicht mitgehen – doch mit dem Kind im Gefängnis übernachten, das wollte er dann auch nicht. So marschierten sie also in der Dunkelheit über den Höhenrain nach Hause …

Wie ma do an Loamegg geahn, höarn ma aufamol a da Höach doum a Blechmusi spuiln, z'mittlst a da Nocht. I hon mi sou gfurchtat, daß i an Voda bol's Gwand darissn hatt. Do hat mi da Voda trogn. Erscht dahoam hat a mi vazöhlt, daß döis dia wild Fohrt gwesn ischt.

Auf Hochdeutsch: *Wie wir da am Loamegg* [Leimeck] *gehen, hören wir auf einmal in der Höhe droben eine Blechmusik spielen, mitten in der Nacht. Ich habe mich so gefürchtet, dass ich dem Vater bald das Gewand zerrissen hätte. Da hat mich der Vater getragen. Erst daheim hat er mir erzählt, dass das die Wilde Fahrt gewesen ist.*

(Erzählt 1948 von Johann Buchwieser,
Lannesnhannas aus Untergrainau,
nach Hans Holzner)

Ein anderer, namentlich nicht bekannter Grainauer wurde auf dem Heimweg vom Eibsee von der Wilden Jagd erwischt. Auf Höhe der »Dreifaltigkeit« (Flurname in der Nähe der Kirche St. Johannes der Täufer) konnte er sich gerade noch an einer Haselnussstaude festhalten. Der Wind war aber so stark, dass es ihn immer wieder und wieder um die Staude drehte wie einen Kreisel. Kurz bevor die Haselnussstaude endgültig brach, hörte der Wind einfach auf und der arme Mann konnte nach Hause gehen. »Aba er hat se recht gfarchtn«, schließt die Erzählung des Garmischers Josef Praxmayer aus dem Jahre 1953 ganz nüchtern: Aber er hat sich recht gefürchtet.

Es war bestimmt nicht zufällig eine Haselnussstaude, die den armen Grainauer gerettet hat. Die Haselnuss gilt seit jeher als Sitz guter Geister. Deshalb wird sie auch bevorzugt neben Häuser oder Stallgebäude gepflanzt. Erstaunlich, wie sich die Furcht vor der Wilden Jagd selbst in diesem eigentlich weltoffenen, seit Jahrhunderten an Handel und Tourismus gewöhnten Tal halten konnte.

Optimaler Ungeheuerfundort: die Archtalschlucht bei Eschenlohe

Geheimtipp von Henny

Lust, sich nach der ganzen Pirscherei wieder positiv aufzuladen? Im Inneren der Alten St. Martins-Kirche kann man die wohltuende Ausstrahlung eines Drachenplatzes erleben. Von den Wänden grüßen uralte romanische und gotische Fresken: Der heilige Christopherus wünscht Heil und Unversehrtheit für den ganzen Tag. Besonders einprägsam dargestellt ist die Geschichte von Jonas mit dem Walfisch. Dieser Walfisch hier sieht allerdings eher aus wie ein Drache. Zum Ausklang unbedingt noch den »Karolingischen Pfarrgarten« von 1260 hinter der Kirche besuchen. Der junge Kurparkgärtner Herr Hensel bepflanzt und pflegt ihn immer noch nach den Vorgaben aus dem Landgesetz »Capitulare de villis« von Karl dem Großen aus dem Jahr 800. Ein drachenmäßiger Einkehrtipp ist das Café »Muckefuck« hinter dem Marienplatz. Das Rezept für die berühmte Salatsoße ist geheim und wird von den Drachen im Gebälk streng bewacht.

Geheimtipp von Lena

Ihr wollt jetzt auch einen Drachen, der euch vor den wilden Winterstürmen beschützt? Eine gute Idee. Dann solltet ihr als Nächstes einen unserer Ausflüge machen, die an ein Kiesbett führen (zum Beispiel Nummer 9 oder 14). Dort haltet ihr Ausschau nach Schwemmholz. Bestimmt ist ein geeignetes Stück dabei! Hier haben wir zum Beispiel einen 1A-Schlangenkopf gefunden. Der braucht jetzt nur noch ein bisschen Farbe, Federn, Stoffstücke, Lederreste oder ähnliches und fertig ist das Urlaubsmitbringsel für Balkon oder Blumenkasten. Eine schöne Bastelaufgabe für lange Herbstabende.

AUSFLUG 6

Rasant um den Rießersee und warum die Partnach so grün ist

Eine laaange Runde um die beiden Skigebiete Kreuzeck und Hausberg mit hoher Alm-Dichte: »Aule-Alm«, »Café am See«, »Kochelbergalm«, »Partnachalm«, »Lenz'n Hütte«, »Lodge« … Dort, wo im Winter die Brettlfans zu Tale sausen, wird im Sommer nicht an wildem Wasser und lauschigen Ausblicken gespart.

Tour: Rundweg, Schwierigkeitsgrad schwer, 200 Höhenmeter

Route: Parkplatz Kreuzeckbahn, Garmisch-Partenkirchen – Aule-Alm – Rießersee – Kochelberg-Höhenweg – Kochelbergalm – Partnachalm mit Reintalblick – Wildenau – Olympiaskistadion – Station Hausberg – Parkplatz Kreuzeckbahn, Garmisch-Partenkirchen

Länge / Dauer: Ca. 8 Kilometer, 3 Stunden reine Gehzeit (Erwachsene). Anschluss zu Tour 7 möglich.

Wo parken / ÖPNV: Parkplatz Kreuzeckbahn, Am Kreuzeckbahnhof 1, Garmisch-Partenkirchen (kostenpflichtig). Hier hält auch die Bayerische Zugspitzbahn beziehungsweise der grüne Garmisch-Partenkirchener Ortsbus.

Sagenspaziergang

Für diese Tour bietet sich ein relativ früher Start gegen 10 Uhr an. Dann beleuchtet die Vormittagssonne den Märchenwald auf dem Kochelberg-Höhenweg. Nach einer ausgedehnten Mittagspause bei einer der zahlreichen Einkehrmöglichkeiten liegt der Rückweg im Tal bereits wieder im Schatten.

Von der Station Kreuzeckbahn in Garmisch-Partenkirchen aus ist es nur ein kurzer Fußweg bis hinauf zur beliebten Ausflugsgaststätte »Aule-Alm« (mit kleinem Spielplatz). Ab hier geht es durch dichten Nadelwald in einer Viertelstunde bis zum etwas höhergelegenen Rießersee.[15] Hier schlendern wir lieber am linken Ufer entlang, da bei Badebetrieb das Südufer für den Durchgang gesperrt ist (Freibadbenutzung gegen Gebühr). Am Hotelufer können wir die dicken Karpfen zählen, die der Grund für die Existenz des Sees sind. Der Rießersee wurde nämlich, ebenso wie der Pflegersee auf der gegenüberliegenden Talseite, als Fischteich künstlich aufgestaut. Hier waren es die »Kätzler«, die Ritter der Burg Katzenstein auf der Felswand nördlich des Sees: 1887 erhöhte der neue Besitzer Josef Buchwieser, der »Rießerbauer«, die Staumauer etwas, um den See als Fischwasser und besonders als Eisteich nutzen zu können. Noch bis weit ins 20. Jahrhundert hinein wurde das gefrorene Seewasser zu Eisstangen gesägt, mit Schlitten ins Tal gebracht und dort an Bierbrauereien für die Eiskeller sowie an Hotels und Privathaushalte verkauft.[16] Das Eis wurde aber nicht nur zum Kühlen der Bierfässer benutzt, sondern auch zur Auskleidung der berühmten Olympiabobbahn von 1936 (angelegt schon 1909) verwendet. Diese Bahn war jahrzehntelang halb vergessen und zugewuchert, bis sie nach

---

15 Es gibt zwei annähernd parallel verlaufende Wege durch den Wald: Der linke ist schöner, weil schmaler.

16 Kühlschränke wurden 1876 von Carl von Linde erfunden, waren aber teuer und unhandlich. In den natürlichen Erdkellern unter den alten Häusern aber hielt sich das Eis, zur Isolation extra in Lumpen und Stroh gewickelt, monatelang.

Ein uralter Stausee mit moorigem Karpfenwasser: der Rießersee

der Jahrtausendwende von einem fleißigen Trüppchen ehemaliger Bobfahrer wieder aus ihrem Dornröschenschlaf erweckt wurde.

Zwischen dem Hotel und dem Restaurant »Seehaus«, von wo wir den schönsten Blick über den See und zum Wetterstein haben, beginnt der Aufstieg zum Kochelberg-Höhenweg.[17] Der grüne Hügel gleich links mit dem kleinen Holzpavillon darauf ist heute als »Hochzeitswiese« für eine traumhafte Kulisse bekannt. Von hier kann man aber auch den Standort der ehemaligen Burg Katzenstein gut sehen. Wegen ihrer Sichtachse zum Osterfeuerkopf in Eschenlohe am Talausgang und der damit verbundenen Lichtsignalweitergabe war sie einst die wichtigste der vier Burgen. Aber auch sie ist bereits seit vielen hundert Jahren wieder Geschichte. Die »Kätzler« wur-

---

17 Das mit dem Höhenweg ist weniger dramatisch, als es klingt. Der Kochelberg ist nur 870 Meter hoch und gleicht einer runden Haube, weshalb er schon von den Römern »Cucullus« genannt wurde.

den 1490 in den Adelsstand erhoben und führten in ihrem Wappen einen Helm und drei Katzen. Die kleinen Stubentiger beziehen sich in diesem Zusammenhang nicht darauf, dass diese Ritter besonders gut klettern konnten, sondern auf die Größe der Anlage: Im Mittelalter wurden Burgen mit dem Attribut »Katz« belegt, wenn es sich um kleine Festungen handelte.[18] Leider blieb von der Burg Katzenstein, ebenso wie von der gegenüberliegenden Burg Falkenstein am Königsstand, nichts mehr übrig. Nachdem sie aufgegeben wurde, verwendeten die Bauern der Umgebung sie als Steinbruch. Dank der liebevoll angelegten Kletterwand an der Nordseite jedoch (schwer erreichbar und Absturzgefahr, nicht für Kinder!) bleibt sie wenigstens den Profikraxlern im Gedächtnis. Die anspruchsvollen Touren dort heißen Katzensprung, Jägermeister oder gar Katzenklo ... Zudem berichtet eine nette Sage von dieser und den drei anderen abgegangenen Burgen im Tal: Da die Werdenfelser Bauern ihren Burggrafen zur Zwangsabgabe von Hafer als Pferdenahrung verpflichtet waren, heißt der Hafer bei uns seither nur noch »Grafenfutter«.

Über dem Rießersee tauchen wir bald in einen wahren Zauberwald ein. Wer schon immer mal einen Baum umarmen wollte, hat jetzt ausgiebig Gelegenheit dazu. Hier stehen besonders »kuschelige« Exemplare bereit. Standard-Tonihütt'n, Schwarze Horn, Kochelbergabfahrt: Wir queren bald eine weltberühmte Skipistenabfahrt nach der anderen. Im Sommer sehen diese freilich eher trist aus und man erkennt, welche großen Schäden die künstliche Beschneiung auf den Bergwiesen hinterlässt. In den Waldstücken dazwischen ist es dafür umso heimeliger, da überqueren wir kleine Wasserfälle auf schmalen Holzbrücken und kommen immer wieder an schwarzgrauen, feucht schimmernden Steinwänden vorbei, an deren Fuß sich bröckelig-bröseliges Geröll sammelt: Das sieht aus wie Ölschiefer, der

---

18 Der Zusatz »Hund« hingegen bezeichnete meist einen kargen Standort – auf dieser Burg musste man eben ein »Hundeleben« führen.

Ob Nagelfluh oder Partnachschiefer: Paradies für Puler

im Dolomitgestein des Kramergebiets auch tatsächlich zu finden ist. Hier ist es allerdings die dunkle weiche Gesteinsschicht, auf der das Wettersteinmassiv in die Höhe geschoben wurde – sozusagen der »Schmierstoff« der hiesigen Alpenfaltung. Hier ist der schwarzgraue Mergel und Tonschiefer der Partnach-Schichten wie Blätterteig an die Oberfläche gequollen.Ähnlich wie beim in der Zugspitzregion häufig vorkommenden Sedimentgestein Nagelfluh lassen sich auch davon ganz leicht Stückchen abbrechen.

Als nächste Station erreichen wir die »Kochelberg-Alm«, ein wahres Kinderparadies. Hier kann man sich mit einer deftigen Brotzeit, Kaiserschmarrn oder Kuchen nach Omas Rezept verwöhnen lassen und dabei den verschiedenen Tieren zugucken (von der Ente über japanische Koikarpfen bis zu Schwein oder Ziege), während der Springbrunnen im Weiher plätschert. Doch wem es auf seinem Erkundungsgang rund um die Alm mal so richtig stinkt, der hat eine weitere geologische Besonderheit entdeckt: Eine liebevoll gefasste Schwefelquelle direkt am Wegesrand duftet recht intensiv vor sich hin.

Die wilde grüne Partnach haben wir vielleicht schon bei unserer Drachenpirsch durch Garmisch-Partenkirchen (Ausflug 6) bewundern können, und jetzt sind wir wieder ganz nah dran. Von der »Kochelberg-Alm« aus nehmen wir den Weg »Am Petersbad«, vorbei an duftenden Heustadeln und uralten Baumriesen. Bei der abwechslungsreichen Strecke haben sich die Höhenmeter fast von selbst ergeben. Das merken wir jetzt, wenn wir auf die Forststraße treffen. Nur noch ein kurzes Wegstück nach rechts würde uns über den schönen Hagrain zur Gaststätte »Partnachalm« mit ihrer großen Sonnenterrasse und der gemütlichen alten Bauernstube bringen. Von hier hätten wir eine gute Aussicht ins Reintal, in dem die Partnach entspringt. Für ein Premiumbergpanorama mit Dreitorspitze – dem sagenhaften Sitz von niemand anderem als Donnergott Thor persönlich – könnte man, wenn man nun schon mal oben ist, noch bis zum Reintalerhof[19] weiterwandern. Wenn wir uns aber nach links wenden, geht es in Windeseile bis hinunter in die Wildenau. Ein steiler, asphaltierter Weg, begleitet von Schutzgeländern und Bretterwänden: Das ist genau die Strecke, auf der jedes Jahr am 6. Januar zum Heiligdreikönigstag das berühmte Hornschlittenrennen stattfindet. Neben dem überdimensionierten Hornschlitten auf der Zielwiese sehen übrigens alle Menschen wie Zwerge aus! Ein griabiges Riesenspektakel, das nun schon seit 50 Jahren veranstaltet wird. Bei dem halsbrecherischen Rennen erreichen die Dreierteams bis zu 100 Stundenkilometer – auf echten Hörnerschlitten, mit denen einst zur Winterzeit Holz oder Heu von den Almen hinunter ins Tal gebracht wurde.

Dort in der Wildenau angekommen, müssen wir natürlich sofort nachsehen, ob die Partnach immer noch so schön türkisgrün wie Chrysopras gefärbt ist. Vielleicht schlägt auch das Wetter bereits um und wir sollten uns mit dem Heimweg beeilen. Denn das Reintal, in das wir gerade hineingeschnuppert haben, ist die Heimat einiger streitlustiger Damen: der Wetterstein-Hexen.

---

[19] Der atemberaubend gelegene Hof war bis 1983 ein Ferienheim der IG Metall und wird nicht mehr bewirtschaftet.

Wie die Wetterstein-Hexen die Partnach grün färbten

Vor etwa zweihundert Jahren wanderte einmal ein Hirte namens Matthias hinauf ins Reintal, um einen Freund zu besuchen. Doch auf dem Heimweg wurde es etwas arg spät. In der Dämmerung brach ein schlimmer Gewittersturm los, und der arme Matthias konnte sich auf dem glitschigen, steilen Weg inmitten von Sturm und Hagel kaum halten. Dazu klang es aus den Gewitterwolken, als ob dort unsichtbare Wesen hämisch lachten. Es kam, wie es kommen musste: Ein Windstoß, ein Fehltritt, und Matthias stürzte hinunter in die Partnach, die ihn sofort mitriss und in ihren eiskalten Strudeln begrub. Schon dachte er, sein letztes Stündlein hätte geschlagen, als ihn eine Hand packte und ans sichere Ufer zog. Vor ihm stand ein uralter, kräftiger Mann mit langem Bart und breitkrempigem Hut – es war der Wettersteiner. Matthias dankte seinem Retter überglücklich, doch der winkte ab. »Keine Ursache. Weißt du, die Wetterstein-Hexen haben dich ins Wasser gestoßen, und ich bin froh, wenn ich diesen gemeinen Weibern eins auswischen kann! Weißt du, was sie mir angetan haben?« Und der Wettersteiner, der eigentlich ein Venediger war, erzählte Matthias, dass er früher im Reintal feine grüne Farbe gefunden hätte. Die hätte er nach Venedig tragen und dort teuer an die Glasmacher verkaufen können. Jahrelang schuftete er, um eine ganze Butte [Kraxe mit Holzbehälter] *vollzubekommen, doch als er sich endlich auf den Weg nach Venedig machte und gerade die alte Brücke über die Partnach überqueren wollte, lauerten ihm die Wetterstein-Hexen schon auf. Sie veranstalteten ein solch schlimmes Gewitter, dass der Wettersteiner mitsamt seiner Butte ins Wasser stürzte – und die ganze kostbare Farbe auslief.*

(Eigene Erzählung nach Schinzel-Penth)

Was sagt ihr: Die Partnach ist doch eindeutig immer noch grünlich, oder? Diese Venediger-Farbe muss wirklich besonders hoch konzentriert gewesen sein. Vielleicht hat den Wetterstein-Hexen das durch ihre Boshaftigkeit entstandene Grün aber auch so gut gefallen, dass sie seither immer wieder mal ein bisserl nachhelfen mit ihren Zauberkünsten …

Von hier aus sind es nur noch wenige 100 Meter bis zum Olympiaskistadion (Baujahr 1934 und 1939), wo am ersten Januar jeden Jahres die »Adler« des Neujahrsskispringens landen. Wir lassen aber den trubel links liegen und wenden uns schon vor dem Stadion links über die Betonbrücke, von wo aus wir über die Kochelbergstraße an der Bahnstrecke entlang bis zur Station Hausberg gehen (flacher, schattenloser Teerweg). Hier bitte in Acht nehmen vor wilden Radlern und Sonnenbrand.

Wer jetzt doch langsam qualmende Füße haben sollte, wird sie auf dem letzten Kilometer bis zur Station Kreuzeck bestimmt gut ver-

Schon wieder ein Drache – diesmal aus Metall

gessen können! Nach Hausnummer 21 beispielsweise gibt es nach links eine Abkürzung: Wer entdeckt den Drachen, der die Alpspitze anfaucht? Vielleicht gähnt er auch nur?[20] Hinter den Tennisplätzen und dem Biergartenlokal »Lodge« am Hausberg wird es wieder ganz märchenhaft: ein Hexenhäuschen![21] Ein Wasserfall! Die weiß-blaue Zugspitzbahn! Und gleich hinter den Gleisen befindet sich die offizielle Landewiese für Gleitschirmflieger. Vielleicht kommt ja gerade jetzt einer herbeigesegelt – ein schöner, neonbunt-drachenhafter Abschluss für unseren Ausflug.

Geheimtipp von Lena:

Unbedingt das liebevoll ausgestattete Bobmuseum im ehemaligen »Bobschuppen« beim Rießersee besuchen. Auf Voranmeldung gibt es dort auch Einzelführungen durch nette Herren, die früher selbst wilde Bobfahrer waren. Bestimmt dürft ihr euch mal in einen der historischen Bobs hineinsetzen und von olympischen Geschwindigkeiten träumen …

[20] Auf der anderen Seite des Daches tänzelt übrigens ein Pegasus (oder geflügeltes Einhorn) Richtung Zugspitze.

[21] Dieses vermutlich einzige Fachwerkgebäude im ganzen Tal beherbergt die Pumpstation des nur 30 Meter darüberliegenden »Rießersee-Hotels«.

Geheimtipp von Henny

An der Stelle, wo man von der Zielwiese des Hornschlittenrennens auf die Wildenauer Straße trifft, ist gleich rechts unter den Bäumen eine kleine Gedenkstätte mit vielen kleinen Marterln. Sie erinnern an die verunglückten Holzknechte, die noch vor der Erschließung der Partnachklamm in ihr arbeiten mussten. Man sieht an diesen Erinnerungstaferln, wie lebensgefährlich die Holztrift war. Insbesonders dann, wenn sich das Holz verkeilte und Männer in die »gaache« Klamm abgeseilt werden mussten, um die verstrickten Baumstämme wieder voneinander zu lösen.

Rechts: Die »Ungeheuer der Partnachklamm« waren früher nur allzu real, zumindest auf dieser historischen Ansichtskarte.

Die Ungeheuer
der Partnachklamm

AUSFLUG 7

Räter, Römer, Rott & Ritter: rund um den Wank

Eine aussichtsreiche Strecke, die viele Perspektiven ins Loisachtal und das Wettersteinmassiv bis hinüber ins Karwendelgebirge bietet. Wir kommen nicht nur am schönen Kloster St. Anton, sondern auch am überaus gefährlichen Kankerbach, dem hinterlistigen Plattelegeist, möglichen Wildererverstecken und einer Römerstraße vorbei. Bademöglichkeit im Geroldsee!

Tour: Schwierigkeitsgrad mittelschwer, nur kraxentauglich (Treppen rund um St. Anton)

Route: Talstation Wankbahn, Wankbahnstraße 2 in Garmisch-Partenkirchen – Philosophenweg – Wallfahrtskirche St. Anton – Floriansbrunnen – Gsteigstraße – Vogelwarte – Berggasthof »Pfeiffer-Alm« – Gasthof »Gschwandnerbauer« – Buckelwiesen am Plattele – Geroldsee – Bahnhof Klais

Länge / Dauer: 11 Kilometer, ca. 150 Höhenmeter, 3,5 Stunden reine Gehzeit (für Erwachsene)

Wo parken / ÖPNV: Großer Parkplatz beim Gasthof »Schützenhaus« oder Parkplatz der Talstation Wankbahn gegenüber (kostenpflichtig)

Fast zu schön zum Reinspringen: der Geroldsee bei Krün

Sagenspaziergang

Gleich unterhalb der Talstation beginnt der »Philosophenweg«, der seinen Namen von den vielen idyllisch gelegenen Sitzbänken mit Zitaten berühmter Denker hat. Nach ca. 800 Metern erreichen wir das Kloster St. Anton mit seiner berühmten spätbarocken Wallfahrtskirche. Ein wahres Schmuckkasterl und nicht nur wegen der herrlichen Fresken von Johann Evangelist Holzer einen Besuch wert.[22] Entlang der überdachten Treppe zum Kirchenportal hinauf erinnern zahlreiche Marterl an die vielen Partenkirchner, die in den beiden Weltkriegen ihr Leben lassen mussten. Interessant ist auch der Grundriss des Altarraums, ein Oktagon (Achteck): Ursprünglich gab es nur diesen Raum, eine 1704 aus Dankbarkeit der Überlebenden des spanischen

---

22 Im Kirchenraum, gleich neben dem Ausgang, befindet sich ein Glasfenster mit Spendenkasterl. Eine Münze einwerfen und es öffnet sich das Himmelstor, die Glocken klingen – und es erscheint das Jesuskind.

Erbfolgekriegs gestiftete Kapelle. 30 Jahre später wurde die Kapelle zu klein, also entfernte man kurzerhand die Südwand und baute das riesige ovale Kirchenschiff an. Vorbei an St. Anton und den herrlichen Parkanlagen mit dem Denkmal für König Ludwig II. erreichen wir Partenkirchen und biegen in den Brunnhäusl-Weg ein. Das Brunnhäusl selbst steht nicht mehr, früher war es die Quellfassung für Partenkirchens Trinkwasser. Jetzt sind wir auf der ältesten Verbindungsstrecke dieses Tales unterwegs. Schon die Bernsteinroute verlief über Partenkirchen, 1000 Jahre später dann die Römerstraße und im Mittelalter die Rottstraße.[23] Mit etwas Fantasie kann man sich den Trubel heute noch vorstellen. Viele Geschäfte, viele Gasthäuser, viel Verkehr: eigentlich genau wie damals. Vielleicht entdeckt ihr ja eine große, schwarz gewandete Gestalt mit breitkrempigem Hut – ganz klar ein Venediger auf der Suche nach wertvollen Mineralien. Die Dame mit dem großen Rucksack ist womöglich eine Bernsteinhändlerin aus Jütland. Und der feine Herr da drüben, könnte das nicht der berühmte Abt Albert von Stade gewesen sein? Im Jahr 1236 eilte er überglücklich hier entlang Richtung Norden nach Hause. Gerade war er von Papst Gregor IX. in seiner Meinung bestätigt worden, dass die Klosterbrüder dort mehr Zucht und Ordnung benötigten. Die exakte Marschroute von Stade nach Rom und zurück notierte Albert später geflissentlich in seiner bereits 1204 begonnenen Weltchronik »Annales Stadenses« – dem ersten exakten Reiseführer im deutschen Sprachraum.

Eine Art Reiseführer zum Angucken haben wir jetzt auch am Floriansplatz vor uns und zwar die bunte Fassade von Haus Nr. 2. Die Lüftlmalereien zeigen die wichtigsten Ereignisse der Partenkirchner

---

23 Als Pilgerweg »Via Romea« wird der Weg vom norwegischen Trondheim über Dänemark und ganz Deutschland bis nach Rom noch heute begangen, da jeder gläubige Katholik einmal im Leben das Grab des Heiligen Petrus besucht haben sollte. Die Strecke beträgt insgesamt gut 3000 Kilometer. Henny Schübel ist Streckenpatin auf dem Abschnitt von Oberammergau bis Mittenwald.

Kreative Fassadenkunst gibt es nicht erst seit Banksy: Sogenannte Lüftlmalereien erzählen uns viel über Land und Leute.

Geschichte: An den Erkern sehen wir die Römer dahermarschieren, die Rottfuhrwerke einfahren … Und gleich am Haus daneben erblicken wir den Floriansplatz noch im Originalzustand von 1864, bevor eine verheerende Feuersbrunst von ganz Partenkirchen nur drei Häuser übrig ließ.

Praktischerweise zweigt vom Platz mit dem Floriansbrunnen[24] die Römerstraße[25] ab, der wir folgen. Bevor wir aber einem hoch bela-

---

24 Übrigens eine Schenkung des Wasserkraftpioniers und Begründers des Deutschen Museums, Oskar von Miller, und wie die Münchner Bavaria-Statue aus Bronze gegossen von Ludwig Schwanthaler.

25 Nachgewiesenermaßen kam hier im Jahr 7 v. Chr. sogar die unglückliche XIX. Legion vorbei. Man muss sich vorstellen, was für einen langen Weg die Legionäre in ihrer schweren Rüstung mit Marschgepäck (knapp 40 Kilogramm) schon hinter sich hatten, als sie durch Parthanum

denen Rottfuhrwerk ausweichen müssen oder eine römische Kohorte im Gleichschritt daherstampft, geht die Römerstraße in den ruhigeren Humplmayrweg und schließlich in die Gsteigstraße über. Nomen est Omen: Auf dem »Gsteig« hatten die Pferde einen harten Job, wenn sie Gewürze, edle Stoffe, mediterrane Früchte oder Weinfässer aus Südtirol hier verfrachteten! Wir sind hoffentlich nicht ganz so schwer beladen, damit wir besser den Kopf drehen und staunen können. Denn wir kommen an einigen hochherrschaftlichen Villen vorbei, die teilweise schon vor dem Eisenbahnanschluss an München in der zweiten Hälfte des 19. Jahrhunderts errichtet wurden. Ganz sagenumwoben ist zum Beispiel das Pfaff-Schlösschen, als »Leitenschlössl« bekannt, das angeblich der Tochter von Boris Jelzin gehörte. Leider kann man hier nur ein paar Blicke aus der Entfernung riskieren, ebenso wie bei der gigantischen Villa, in der einst gerne Sultan Qabus ibn Said vom Königreich Oman residierte. Etwas öffentlicher ist da schon die graue Burg gleich links. Dort wohnen allerdings keine Ritter, sondern Vogelschützer und Naturhüter, denn es handelt sich hier um die staatliche Vogelwarte des Bayerischen Landesamtes für Umwelt. Da im gesamten Areal auch geräuschempfindliche Brutvögel nisten, sollten wir unsere Bewunderung aber nur ganz leise zeigen.

Dieser nun vor uns liegende Streckenabschnitt mit dem dichten Laubdach alter Bäume ist besonders romantisch. Bestimmt hat die Aussicht auch den Reichen und Regenten des Mittelalters gefallen, denn jeder germanische König war gezwungen, zur Kaiserkrönung nach Rom zum Papst zu ziehen. Von 140 Königszügen mit Mann und Tross kam fast die Hälfte – nämlich 66 – über Partenkirchen. Hoffentlich tagsüber, denn nachts geht hier der durchaus mal der Punk, äh, der Pudel ab.

---

stiefelten! Knapp 13 Jahre später wurden sie in der Varusschlacht im Teutoburger Wald von den vereinten germanischen Kräften unter Arminius komplett aufgerieben.

Der feurige Pudel von Partenkirchen

Zwei Handwerksburschn aus Mittenwald, die von ihrer Baustelle in Partenkirchen, hinauf übers alte Gsteig nach Mittenwald heim gingen, begegneten dort einem riesigen schwarzen Pudel mit großen rotglühenden Augen … der dann immer neben ihnen hergelaufen ist. Er sah so grauslig aus, dass sie voll Panik und Furcht auf der Stelle kehrt machten, das Gsteig wieder hinunter nach Partenkirchen gerannt sind. Kasweiß und voll Angst erschienen sie in der Wirtschaft der Partenkirchner Post und erzählten von dem schrecklichen Erlebnis: »I geah bei da Nocht nimma den Weg!« [»Nie und nimmer werde ich in der Nacht übers Gsteig gehen!«]

(Erzählt 1890 von Hans Lipf)

An der Stelle, wo die Straße wieder nach unten führt, gehen wir aber links hinauf in Richtung des kleinen Weilers Schlattan. In der herrlich gelegenen Almwirtschaft »Pfeiffer-Alm« gibt es einen sagenhaft guten Apfelstrudel, von Herrn Pfeiffer persönlich gebacken. Nichtapfelstrudler bekommen natürlich auch eine prima Brotzeit. Auf Augenhöhe grüßt das Barockkircherl St. Anna aus Wamberg herüber.

Ab Schlattan wird es wieder gruselig: Wir befinden uns im Bereich des berühmt-berüchtigten »Plattele«. Das ist nicht nur die allerkälteste Stelle des ganzen Werdenfelser Landes, wo hinterlistig eintretende sibirische Eisesglätte in Herbstnächten oft für Unfälle sorgt, sondern auch ein Ort, an dem (ebenso wie vorher am so romantischen Gsteig) bereits manchem nächtlichen Wanderer ein großer

Eine schöne Rast mit Blick zur Alpspitze: der Berggasthof »Pfeiffer-Alm«

schwarzer Hund mit glühenden Augen begegnete. Wer unseren Begleittext gelesen hat, weiß Bescheid: Dies ist ein magischer Platz aus fernsten Götterzeiten. Doch auch wer keine energetischen Veränderungen im Boden spürt, kann sich von den vielen hier verorteten Wilderergeschichten einen Schauder über den Rücken schicken lassen. Eigentlich jeder alte Hof, an dem wir vorbeikommen, hat eine diesbezügliche Vergangenheit.[26] Ja, das Plattele war immer schon ein frostig heißes Pflaster – aber nicht alle Episoden, die sich hier abspielten, sind schlecht ausgegangen. Dies ist die Lieblingsgeschichte von Henny Schübel:

---

26 Nachzulesen sind diese und andere Anekdoten im Buch »Gschichtlan vom Wildern« von Josef Bader, erschienen 1995 im Adam-Verlag Garmisch-Partenkirchen. Leider nur noch antiquarisch oder in der örtlichen Bücherei.

Geisterstunde am Plattele

Krün, um 1917

Der Martin Leismüller, »Dauber Martl«, von der Partnachalm war stets ein gern gesehener Gast beim »Plattala Lois«. Der »Dauber« wusste auch, dass zumindest der Anwesensbesitzer nichts dagegen hatte, wenn er ums Haus herum seiner Leidenschaft, dem »Wuidbroatschiaßn«, frönte. Eines Abends, es war schon dunkel geworden, und nur der matte Schein einer Funzel spendete ein wenig Licht, saßen alle damaligen Bewohner des Hauses in der Küche zusammen. Es waren dies der kleine Peter, der halbwüchsige Alois, die Schwester Lisl und ihr Mann, der Georg Kleisl, »Mang Jörgl«, von Partenkirchen. Der Vater war schon wenige Jahre zuvor mit 51 Jahren verstorben. Man redete, was damals oft gemacht wurde, über Geister und erzählte sich alle möglichen Spukgeschichten. Man glaubte an die Wirkung des bösen Blickes, der die Milch der Kühe schlecht werden lässt, und drehte den Besen vor dem Stall um, sobald die betreffende Person vorbeikam. Man konnte sich vorstellen, dass die einsamen Hirten mit den »Kasamanndlan« in Verbindung traten, und dass es Leute gab, die jemanden »osarbn«, also krank machen und gar sterben lassen konnten, wie in Garmisch beispielsweise den Jäger Unsinn, nachdem er 1905 am Frieder den Thomas Gansler, »Urschala«, angeschossen und liegen gelassen hatte. Fantastische Vorstellungen von nicht erklärbaren Vorfällen und Geschehnissen geisterten durchs Landl. Allein schon die geografische Lage des Plattele, die dunkle Engstelle zwischen Loisach- und Isartal, durch die man häufig auch bei Nacht hindurchmusste, macht erklärlich, dass viele an den »Plattelegeist« glaubten. Man nennt es Aberglaube, doch vor hundert Jahren waren die meisten Werdenfelser überzeugt, dass vieles zwischen Himmel und Erde, wenn auch nicht erklärbar, so doch möglich war.

Es gab noch kein elektrisches Licht auf dem Plattelehof. Wenn man die völlige Abgeschiedenheit des Anwesens bedenkt, kann man nachempfinden, wie alle zusammenfuhren, als es in der Nacht plötzlich an das Küchenfenster klopfte. Der »Mang Jörgl« als Ältester und auch der Alois griffen sich schließlich ein Messer und sprangen zur blutigen Verteidigung entschlossen vor die Türe. »Wos is los, wer is do?«, rief wohl der Jörgl grimmig, konnte aber nichts erkennen. Schließlich hörten sie eine Stimme aus der Dunkelheit: »I bin's, da Dauber Martl! I ho an Hursch g'schossn in da Wuifsgruab'n. Es miaßt's ma haifn!« Auch der Martl war erschrocken zurückgewichen, als die beiden mit dem Messer in der Hand aus dem Haus gestürzt kamen. Nun waren alle erleichtert. Man holte zusammen den Hirsch, hängte ihn über Nacht auf und zerwirkte ihn. Die »Plattala« bekamen als Ausgleich für den Schreck einen Brocken Hirschfleisch.

(Nach Josef Bader, »Gschicht'lan vom Wildern«)

Im gesamten Zugspitz-Land und darüber hinaus gibt es unzählige Wilderergeschichten, die teilweise seit hunderten von Jahren weitergegeben werden und dadurch schon längst selbst ins Sagenhafte gleiten. Im Detail wohnt aber jeder einzelnen dieser Geschichten eine ganz reale Dramatik inne, denn die wenigsten Wilderer waren aus »Spaß an der Freud« unterwegs. Vielmehr trieb sie die höchste Not hinaus, um in feindlicher Umgebung ihre Familie zu ernähren. Jagdfrevel musste von Jägern und Förstern im Auftrag ihrer Dienstherren aber hart geahndet werden: Allein im Werdenfelser Land zählte der Grainauer Heimatforscher Josef Bader 47 Tote, die meisten davon erschossen. Allerdings gab es immer wieder auch glimpfliche Begegnungen zwischen Jägern und Wilderern – besonders, wenn sie sich kannten und um die jeweilige familiäre Notlage wussten.

Der Wilddieb und Lederhosen-Schneider

Um 1900 herum geschah eine Geschichte, die heute noch lächeln lässt. Der Bauer vom Plattele-Hof war nebenbei ein bekannter Schneider, der sogar dem Prinzregenten Luitpold einmal eine Lederhose anfertigen hatte dürfen. Trotzdem war das Leben im Plattele-Hof recht arm und karg und Schmalhans Küchenmeister. Gut, dass der Lois sich wenigstens bei der Fleischbeschaffung zu helfen wusste! Eines Tages hatte er einen kapitalen Hirsch geschossen und war gerade dabei, ihn im Stall zu verstecken, als der königliche Jäger dazu kam. Es gab aber nun keineswegs die übliche dramatisch lebensgefährliche Auseinandersetzung mit Anruf, Entwaffnung oder Flucht mit Schusswechsel, ganz im Gegenteil: Der königliche Jäger, selbst sehr arm und noch Junggeselle, kannte den kargen Mittagstisch im Plattele-Hof. Er sagte also: »Ozoagn dua i di ned, aber a Hosn muaßt ma macha und mitessn muaßt mi aa lassn!« In diese ungewöhnliche Art der Wiedergutmachung willigte der ertappte Wildschütz gerne ein.

Na, seht ihr auch schon hinter jedem Stadel, jedem Felsbrocken dunkle Gestalten mit rußbeschmierten Gesichtern (zur Tarnung, damit der Jäger sie nicht gleich erkennt) vorbeischleichen? Gut, dass das Gelände hinter dem Plattele wieder so luftig und offen wird. Doch wer genau hinschaut, bemerkt sofort, dass diese Wiesen ganz krumm und buckelig sind! Und sie heißen auch so: Buckelwiesen. Eine geologische Rarität und inzwischen sogar Weltkulturerbe. Ihre Herkunft ist noch immer nicht ganz geklärt. Sind es Reste von Drumlins, also von unter einem Gletscher entstandenen, sozusagen vom Eispanzer in Form gequetschen Hügeln? Vielleicht sind diese Strukturen auch dort entstanden, wo Eisbrocken lagen und erst spät geschmolzen sind (sogenanntes Toteis – auch so ein sagenhaft gruseliger Begriff). Sicher ist nur, dass die Buckel aus der Eiszeit stammen. Ein Souvenir der abziehenden Gletscherzungen, ebenso wie der Geroldsee. Das Becken dieses wirklich wunderschön gelegenen Sees vor der Karwendel-Kulisse hat einst ein Gletscher in den Felsboden geschmirgelt. Und obwohl er ein Kind der Gletscher ist, wird der flache Geroldsee im Sommer ziemlich warm. Wir empfehlen unbedingt, bis hierher zu gehen und vielleicht noch ein wenig zu planschen.

Geheimtipp von Lena

Der Spielplatz in den St. Anton-Anlagen, gleich im ersten Drittel dieser Tour, ist ein absoluter Traum. Unter hohen Buchen und einer Ludwig II-Gedenksäule spielt man hier sozusagen zu Füßen unseres bayerischen Märchenkönigs. Dazu noch Quellwasser zum Pritscheln – was will man mehr! Nur die Metallrutsche am Holzturm ist erstaunlich steil und hat mich schon so einige Pflaster und Gummibärchen gekostet. Passt ja hervorragend zur »Wilden Jagd« von Ausflug 5 – trotzdem lieber rechtzeitig auf ungeplante Beschleunigung des Nachwuchses achten.

Geheimtipp von Henny

Am Ortsrand von Klais gibt es noch ein besonderes Bodendenkmal zu bestaunen: original römische Gleisspuren! Mit einer Achsbreite von exakt 107 Zentimetern führen die tief in das Kalkgestein eingeschliffenen Karrenspuren wie Bahngleise die gesamte Hangsteigung hinauf und zwar mindestens seit dem Bau der Via Raetia um 200 n. Chr.[27] Sie sind kaum verwittert und werden regelmäßig freigelegt. Der Weg dorthin ist gut ausgeschildert. Weil die Römerstraße gleich hinter dem »Gasthof Post« und damit nicht weit entfernt vom Bahnhof verläuft, empfiehlt sich der Besuch auch noch kurz vor Zugabfahrt. Gleich hinter dem Bahnhof sieht man schon die kleine Kapelle (ein beliebtes Motiv für Weihnachtspostkarten). Man geht an ihr und dem »Gasthof Post« vorbei und befindet sich auf der Straße zum Schloss Elmau. Noch ein Stückerl weiter, über den kleinen Brückensteg, und schon sieht man die uralten Radspuren, die in Ruchtung Rom führen. Übrigens stand hier auf dieser Wiese einst auch das Kloster Scharnitz, das allerdings bereits nach nur zehn Jahren 772 nach Schlehdorf verlegt wurde, weil es den Mönchen zu kalt war. Brr!

---

[27] Die Via Raetia wurde bereits 15 n. Chr. von Drusus und Tiberius genutzt und um 200 von Kaiser Septimus Severus weiter ausgebaut. Sie verläuft mit der Pilgerstrecke Via Romea identisch von Rom über Bozen, den Brenner und das Inntal über Mittenwald, Partenkirchen und Oberammergau bis nach Schongau, wo sie in die ältere Via Claudia nach Augsburg einmündet.

Kapelle von Klais im vorweihnachtlichen Winterzauber

AUSFLUG 8

Mit einem Mausgeist und dem hüpfenden Strumpf um den Eckbauer

Das winzige Wamberg ist das höchstgelegene Kirchdorf Deutschlands – dabei gehört es geologisch betrachtet eigentlich zur Schweiz. Was, ein kleines Stück Helvetia mitten im Loisachtal? Kein Wunder, dass es auf dem weiteren Weg in die Einöde Hintergraseck von Bergschafen und -ziegen nur so wimmelt! Eine weitere Besonderheit: Das ganze kleine Dorf Wamberg steht komplett unter Denkmalschutz.

Tour: Rundweg, Schwierigkeitsgrad schwer, nicht kinderwagentauglich

Route: Eckbauerbahn, Karl-und-Martin-Neuner-Platz in Garmisch-Partenkirchen – Wamberg – Eckbauer – Hintergraseck – Vordergraseck – Eingang Partnachklamm – Kainzenbad – Olympiaskistadion Garmisch-Partenkirchen

Länge / Dauer: Mit 10 Kilometern und gut 500 Höhenmetern unsere »härteste« Tour!

Hier geht's rauf: Wamberg mit der Abzweigung nach Graseck

Ⓟ **Wo parken / ÖPNV:** Parkplatz Eckbauerbahn beziehungsweise Olympiaskistadion (kostenpflichtige Parkmöglichkeit)

Sagenspaziergang

Eine Warnung vorab: Der Fußweg nach Wamberg beginnt gleich neben dem Kainzenbad. Eine verlockende Alternative, deren Glanz die Anziehungskraft unseres Ausflugsziels womöglich übersteigt. Am besten auf später vertrösten. Und den langen Aufstieg mit der sagenhaften, aber absolut wahren Geschichte der bayerischen Kurzohrmaus versüßen:

In der Mitte des vergangenen Jahrhunderts zeichnete sich ab, dass die medizinische Versorgung des Loisachtals den Ansprüchen der Moderne bald nicht mehr genügen würde. Die Bevölkerung wuchs, der Tourismus ebenso, doch für kompliziertere Behandlungen und Operationen mussten Patienten immer noch bis in die Landeshauptstadt München gekarrt werden. Also plante man unter dem Eckbauer ein schönes großes Krankenhaus. Verkehrstechnisch gut angebunden am Ortsrand, inmitten schattiger Hangwiesen am wilden Kankerbach und damit für die Landwirtschaft sowieso wenig geeignet. Im Vorfeld der Bauplanung stellte sich jedoch heraus, dass sich das Gelände durchaus ideal eignete und zwar als Heimat eines kleinen Nagetiers. Im Jahr 1962 wurden vom damaligen Leiter der Vogelschutzwarte, einem Biologen namens Claus König, 23 Exemplare einer bis dahin unbekannten Maus gefangen. Sie erreichte knapp 10 Zentimeter (ohne Schwanz) und wog maximal 30 Gramm. König beschrieb das Tier mit den kurzen Ohren und dem gelbbraunen Fell als Erster und stellte fest, dass es sich nur durch genetische Analyse oder den eingehenden Vergleich der Schädel-Zahn-Maße von der Alpen-Kleinwühlmaus und der Illyrischen Kurzohrmaus unterscheiden lässt. Dennoch: Der tag- und nachtaktive Nager aus der Gattung der Feldmäuse war etwas ganz Neues. Ein bayerisches Original! »Microtus Bavaricus« – eine flauschige kleine Sensation. Seit dem Bau des Klinikums blieb die Bayerische Kurzohrmaus in Bayern leider verschollen …[28] Aber ganz ausgestorben ist sie nicht, im 80 Kilometer entfernten Tiroler Rofangebirge existieren noch wenige Exemplare. Beim Weiterwandern also gut aufpassen! Wenn es irgendwo im Gebüsch raschelt oder ihr etwas Kleines, Graubraunes davonhuschen seht, habt ihr vielleicht gerade die erste Bayerische Kurzohrmaus seit 60 Jahren gesichtet …

Besser sichtbar ist die große helle Felswand im Bergwald unterhalb unseres ersten Ziels Wamberg. Dieser offene Fels ist eine wahre geologische Besonderheit, denn hier kommt nämlich noch ein kleines Resterl Schweiz zu Tage! Das Wettersteingebirge hat sich erst ganz am Ende der Alpenfaltung über der helvetischen

---

[28] 2012 und 2019 waren die Menschen in Garmisch-Partenkirchen und den benachbarten Landkreisen dazu aufgerufen, alle von ihrer Katze erbeuteten oder sonst wie gefundenen Mäuse an der örtlichen Zweigstelle des Bayerischen Landesamtes für Umwelt abzuliefern. Sogar hochauflösende Wildkameras wurden aufgestellt. Leider verliefen auch diese groß angelegten Suchaktionen bisher ohne Ergebnis.

Erdplatte Pangäas aufgeschoben, über den schwarzen, weichen Partnach-Schichten. Die kreidezeitlichen Schichten und mächtigen Kalksteinfolgen sind hier besonders hell, fast rosa. Das »hängengebliebene« Stück der Helvetischen (Schweizer) Platte wölbt sich als Rücken vor dem Wetterstein heraus, wo sich Eckbauer und Wamberg befinden. Das gegenüberliegende Estergebirge liegt dagegen bereits auf der afrikanischen Platte.

Ob Felsen Heimweh haben? Klar, unser Wettersteingebirge und sogar die Zugspitze sind kein Vergleich mit den Dimensionen zuhause. Bis zum Matterhorn oder gar dem Jungfraujoch hat es leider nicht gereicht, da fehlen noch ein paar Kilometer. Aber mal ganz ehrlich: So ein Felsstück könnte es definitiv schlechter treffen als hier im Zugspitz-Land.

Der Weg führt uns rückwärtig am Kreiskrankenhaus vorbei, nach den letzten Häusern beginnt der Wald und ab hier geht es stetig bergauf. Nach einigen sanften Kurven durch teilweise tief ins Erdreich eingeschnittene Wegabschnitte (sogenannte Hohlwege) erreichen wir nach etwa einer Stunde das nur aus acht Höfen bestehende Wamberg. Im höchstgelegenen Kirchdorf Deutschlands sollte man in jedem Fall Zeit für eine kleine Stärkung im Berggasthof »Wamberg« einplanen. Der dort angebotene Kaiserschmarrn ist legendär und die Augen freuen sich über den Panoramablick auf Garmisch-Partenkirchen und sogar bis hinüber ins Isartal. Doch auch die nähere Umgebung birgt nette Details: allen voran die knuffige kleine Barockkirche St. Anna. 1720 wurde sie hier anstelle einer sehr viel älteren Kapelle gebaut. Da Wambergs erste Erwähnung schon über 800 Jahre her ist, kann man ruhig davon ausgehen, dass auch dieses Gotteshaus auf einen vorchristlichen Kultplatz gesetzt wurde. Ein möglicher Hinweis darauf ist die Namenspatronin der Kirche, die Heilige Anna. Sie ist die Mutter von Maria und damit die Oma von Jesus, und ihr Name bedeutet eigentlich »die Ahnin« (bairisch »Ähndl«). Auf dem Hochaltar im Inneren ist eine sogenannte »Anna Selbdritt« abgebildet: Anna mit ihrer Tochter Maria und dem

Das barocke Minikirchlein St. Anna in Wamberg

Enkel Jesus. In der vorchristlichen Tradition wurde das Symbol der Dreieinigkeit für die Göttinnen des Lebenszyklus verwendet. Die Ahnin als Weise, die Mutter als Lebensschützerin und die Jüngste als lebensspendende Lichtgestalt – also identisch mit der Bedeutung des Christkinds. Darstellungen der »Anna Selbdritt« waren von daher besonders im Mittelalter sehr beliebt.

Ob Räter, Kelten oder Römer: Dreigestaltige Gottheiten kannten alle. Der (Weiter-)Glaube an eine heilige Dreieinigkeit erleichterte den Übergang zum Christentum. St. Anna könnte deshalb auch hier ein Hinweis auf einen bronzezeitlichen gemeinsamen Ehrenplatz der drei Göttinnen sein. Spannend ist auch das untere kleine Lichtschächtlein im Glockenturm von St. Anna, das genau nach Osten zur aufgehenden Sonne hin ausgerichtet ist: Da das Dorf Wamberg sowieso schon 996 Meter hoch liegt, befindet sich die kleine Öffnung im Mauerwerk nun ganz genau 1000 Meter über Meereshöhe. Mitten im Dorf geht der Weg nun weiter den Bergrücken des Wambergs hinauf, über die herrlichen Bergwiesen und vorbei an einigen alten Wies-Stadeln im typischen Werdenfelser Rundholzblockbau. Oben auf fast 1300 Metern Höhe kann man sich entscheiden: Gleich rechts weiter zum Eckbauer, um mit der neuen Eckbauerbahn ins Tal zu schweben und die Tour beim Skistadion zu beenden. Oder man nimmt sich weitere zwei, drei Stunden Zeit und geht nach links zu den uralten Weilern Hinter- und Vordergraseck. Abwechslungsreich verläuft die Forststraße für wenige Kilometer um die Südseite des Eckbauers herum, bis der Wald den Blick auf langgezogene Weideflächen freigibt. Wie eine Fata Morgana tauchen jetzt die Gebäude der Einöde Hintergraseck auf. Die Familie Grasegger bewirtschaftet ihren Hof in nahtloser Generationsfolge seit einigen 100 Jahren.[29] Ein Kinderparadies mit jeder Menge Schafen und Federvieh. Wer Lust auf frische Hühnereier hat, kann bei Birgit an der Haus-

Gerne betätigen: Birgits Eierklingel in Hintergraseck

29 Relativ spät, um 1550 herum, wurde hier oben gerodet.

Traumhafter Rastplatz für Sonnenfreunde: Die Berghütte am Eckbauer (auch für Übernachtungen zu mieten)

nummer 13 die eigens angebrachte »Eierklingel« betätigen (nach Verfügbarkeit). Birgits Kinder und die beiden Cousins von nebenan leben auch hier oben. Alle vier gehen unten in Partenkirchen in den Kindergarten oder zur Schule – ja, teilweise auch zu Fuß. Der Schulbus fährt erst ab dem Skistadion und das Mama-Taxi ist schließlich auch nicht immer verfügbar. Wer das weiß, sieht seinen eigenen Schulweg vielleicht etwas entspannter.

Der südöstliche Bereich des Loisachtals verfügt nicht nur über ungewöhnliche geologische Eigenheiten, sondern kann hier auch mit einer besonders skurrilen Sage aufwarten: der vom hüpfenden Strumpf, Lenas Lieblingssage. Keine andere ist so herrlich absurd und lustig wie diese! Das Schöne daran ist das Fehlen von Grusel und Gewalt, niemand tut sich weh oder muss traurig sein. Außerdem lehrt uns diese Sage viel über den Wert der kleinen Dinge.

Der hüpfende Strumpf

Mein Vater war in Graseck geboren und der hat erzählt, dass man in Mittergraseck einmal am Ferchenbach unten einen Strumpf gefunden hat. Daheim in der Kammer sei der Strumpf dann gehüpft und gesprungen: Dann haben sie das Fenster aufgetan, der Strumpf ist hinaus und verschwunden.

(Erzählt 1940 von Robert Grasegger, Niklosnrobert aus Hammersbach, nach Ostler)

Man fragt sich vielleicht, weshalb die glücklichen Finder den Strumpf überhaupt mitgenommen haben. Heute würde wohl niemand einen fremden, einzelnen und womöglich schmutzigen Socken mit nach Hause bringen! Aber dazu muss man überlegen, welchen Wert so ein Strumpf im ausgehenden 19. Jahrhundert hatte. Damals gab es noch nicht die Möglichkeit, günstige Strümpfe aus der Fabrik im Zehnerpack zu kaufen. Jeder einzelne Strumpf musste per Hand aus Schafwolle gestrickt werden, was viele Stunden dauerte. Die Leute damals hatten nur wenige Strümpfe, trugen sie jahrelang und flickten sie, bis es gar nicht mehr ging. Wir wissen leider auch nicht, wer genau den hüpfenden Strumpf gefunden hat und in was für einer Situation. Vielleicht dachte der- oder diejenige, jemand aus der Familie hätte ihn verloren? Auch Füchse sind dafür bekannt, lecker nach Schweiß oder Leder riechende Dinge zu »entführen«.[30]

[30] Im Jahr 2018 lebte unweit von Lenas Haus in Grainau ein besonders schuhwilder Fuchs. Er klaute über den Sommer insgesamt sechs einzelne Kinderschuhe von der Terrasse – sogar Gummistiefel! Wochenlang

Womöglich war die Wolle ja auch besonders schön und der glückliche Finder wollte den Strumpf auftrennen und sich etwas Neues daraus stricken … diesem Schicksal entging die eigensinnige Fußbekleidung durch ihr Davonhüpfen gerade noch so. Alles richtig gemacht, Strumpf!

Henny Schübel hat ihre eigene Theorie zur Aufklärung des Strumpf-Mysteriums: »Da wird es sich halt eine kleine Maus drin gemütlich gemacht haben, die nach der Entdeckung in Panik zu entkommen versuchte. Vielleicht war es ja sogar die Bayerische Kurzohrmaus!« So würde sich der Kreis auf diesem Rundweg wieder schließen. Übrigens kann Schafwolle durch ihre antimikrobiellen Inhaltsstoffe jahrhundertelang halten. Unser Strumpf könnte also durchaus immer noch glücklich und zufrieden durch die Gegend hüpfen. Der Ferchenbach, an dem er einst gefunden wurde, entspringt dem Ferchensee bei Mittenwald und mündet etwa 250 Meter über dem Klammeingang in die Partnach. Und genau dorthin wenden wir uns jetzt auch auf dem weiteren Rückweg. Der weitere Weg führt um den Berg herum nach Mittergraseck und Vordergraseck, wo die Graseckbahn fährt. Mutige Kraxelfreunde nehmen hingegen den steilen Fahrweg hinunter. In der Nähe vom Klammeingang und der Grasecktalstation erreicht man wieder das Partnachtal.

Entlang der Partnach (in unserem Ausflug 6 verraten wir, warum sie manchmal richtig so giftgrün ist) erreichen wir nach einer halben Stunde das Skistadion und dahinterliegend das Kainzenbad – eine Belohnung für fußlahme Zwerge wäre natürlich auch die vom Klammeingang aus oft angebotene und sehr beliebte Kutschfahrt dorthin.

---

suchten wir im Baderseewald vergeblich nach dem Diebesgut. Erst ein Jahr später entdeckten wir den mittlerweile verlassenen Fuchsbau voller gammliger, angeknabberter Treter aus der ganzen Nachbarschaft.

Geheimtipp von Henny

Die Felswand aus der Helvetischen Platte ist höchst stabil und hat mit Schweizer Käse so gar nichts zu tun. Trotzdem sollte man sie wegen Absturzgefahr lieber nur vom Weg aus bewundern. Irgendwo ganz in ihrer Nähe steht der vielleicht älteste Baum des ganzen Werdenfelser Landes. Ein Ahorn, der seine ersten Blättlein bereits vor 600 Jahren entfaltete und mittlerweile einen Stammumfang von fast 8 Metern hat. Wenn ihr bei den vielen Höhenmetern auf dieser Tour ins Schnaufen kommt, macht das also überhaupt nichts – die gute Bergluft wird eure Lungen für viele, viele Jahre stärken.

Vielleicht ist es dieser hier? Den genauen Standort verraten wir nicht!

Hier steckt viel Arbeit drin! Bitte vorher beim Bauern nachfragen.

Geheimtipp von Lena

Auf dieser Tour wird kurzen Beinen viel abverlangt. Zum Glück gibt es nicht nur Geistermäuse, hüpfende Strümpfe, Gondelbahnen und Pferdekutschen, sondern auch einige Einkehrmöglichkeiten. Familienfreundlich sind besonders der »Hanneslabauer« auf Vordergraseck, die erst wenige Jahre alte »Kaiserschmarrn-Alm« und auf halber Strecke zwischen Klamm und Skistadion die urige »Lenz'n Hütte«. Wenn das Wetter entsprechend ist, darf der Familientag unbedingt im Kainzenbad ausklingen. Hier wird schon seit 1524 (!) gebadet, das heutige, von der Kanker gespeiste Naturfreibad stammt aus dem Jahr 1928.

AUSFLUG 9

Von der Weißen Frau zur Zeitreisenwiese

Eine durchaus gruselige Runde rund um Königsstand, Pflegersee und die besterhaltene Burgruine des Loisachtals. Die Reschbergwiesen sind eines der ältesten Hochweidegebiete der Region. Eine eigene idyllische Welt für sich: Hier ticken nicht nur die Uhren anders, hier haben ganz allgemein die Naturgesetze keine Geltung: Sogar die Bäche fließen bergauf! Oder etwa nicht?

Tour: Schwierigkeitsgrad mittel, bedingt kinderwagentauglich

Route: Wanderparkplatz Pflegersee (oder Bushaltestelle im Tal) – Pflegersee – Ruine Werdenfels – Lahnewiesgraben – Reschbergwiesen – Grubenkopf – Pflegersee

Länge / Dauer: Reine Gehzeit vom Wanderparkplatz Pflegersee zur Ruine, zu den Reschbergwiesen und zurück ca. 2 Stunden. Burglehrpfad allein ca. 1,5 Stunden.

Wo parken / ÖPNV: Wanderparkplatz Pflegersee beziehungsweise darunter am Parkplatz Pflegerseestraße oder Bushaltestelle im Tal

Sagenspaziergang

Dem Pflegersee mit seinem geheimnisvoll dunklen, fast schwarzen Moorwasser sieht man gar nicht an, dass er künstlich ist. Schon vor beinahe 1000 Jahren wurde er angelegt, um die etwas unterhalb liegende Burg Werdenfels mit Wasser zu versorgen. Es handelt sich um einen der ältesten Stauseen der Welt. Als man das Wasser für den Ausbau des Gasthofs im Jahre 1929 einmal abließ, fand man im Schlick am Seegrund einen Einbaum. Einen Einbaum? Ja, genau eines dieser urtümlichen Holzboote, die aus einem einzigen großen Baumstamm geschnitzt wurden und die man sonst eher von der indigenen Bevölkerung am Amazonas kennt. Dazu muss man wissen, dass Einbäume seit der Bronzezeit im bayerischen Alpenvorland noch bis weit ins 19. Jahrhundert ein traditionelles Fortbewegungsmittel für Fischer waren. Sie ersparten das schwierige Abdichten

Die Ruine Werdenfels. Durch die Fensteröffnung lugt die Alpspitze.

eines aus vielen Brettern gefertigten Bootsrumpfes, galten als robuster – und dicke, große Bäume hatte man damals noch genug. Im Starnberger See wurde beispielsweise ein über 13 Meter langer Einbaum aus Eiche gefunden, der über 3000 Jahre alt ist. Der Einbaum vom Pflegersee dagegen ist viel jünger, er wurde »nur« auf ein Alter von 500 bis 600 Jahren taxiert.[31]

Vom Pflegersee aus folgen wir dem gut beschilderten Wanderweg bis hinab zur Ruine Werdenfels. Diese Strecke legte damals übrigens auch das kühle Nass zurück, man geht sozusagen mitten durch die Wasserleitung der Ritter. Wir sollten uns aber nicht ganz so schnell zu Tal stürzen wie das Wasser. (Ob die Ritter damals auch schon Rollsplitt hatten?) Aber nach ein paar Kurven durch schattigen Mischwald sehen wir sie auch schon: die Ruine. Heutzutage ist sie von einst vier Burgen im Tal die einzige, die noch steht – so einigermaßen jedenfalls. Wenn sich die *Interessengemeinschaft zur Erhaltung der Burgruine Werdenfels* seit 1986 nicht so um das Gemäuer bemühen würde, wäre es schon längst ziemlich überwuchert und noch weiter eingestürzt.[32] Seit fast 400 Jahren verfällt die Burg nun. Gebaut um 1230, hatte der Pfleger im Jahr 1632 keine Lust mehr auf das klamme, zugige Bollwerk. Er siedelte lieber in ein sonniges Anwesen im Tal um. Ein paar Jahrzehnte später benutzten die Garmisch-Partenkirchener die Anlage als Steinbruch. Es war ja auch zu verlockend: aufwendig in Form gemeißelte Steine mit Geschichte, gegen Abholung kostenlos! Unter anderem das Brauhaus und sogar die beiden barocken Pfarrkirchen von Garmisch und Farchant

31 Vielleicht hat ja der kleine Bootsverleih am Badestrand gerade offen und ihr könnt euch auf den Spuren der Ritter in ein Ruderboot begeben!

32 Erst im Spätherbst 2020 hat der Verein die Westmauer aufwendig restaurieren lassen. Wirklich sehenswert ist auch der interessante Lehrpfad um die Ruine herum. Er thematisiert die schwierige Wasserversorgung der Burg und führt sogar zu sechs mittelalterlichen Kalkbrennereien (riesige, im Boden noch gut sichtbare Anlagen). Achtung, teilweise sehr steil und steinig!

sind aus Burgsteinen erbaut. Doch vielleicht war es ja nicht nur die Kälte in den schwer zu heizenden Steinmauern, die den letzten Pfleger von der Burg vertrieb … Angeblich soll rund um die Ruine eine Weiße Frau herumgeistern.

Die unglückliche Gräfin Sieglinde

Sieglinde galt als die schönste Frau im ganzen Land. Mit ihrem Ehemann, dem Grafen von Werdenfels, lebte sie glücklich und zufrieden auf der damals noch prächtigen Burg – bis der Graf auf einen Kreuzzug ins Heilige Land musste. Seinem Diener Gerold befahl er, sich in seiner Abwesenheit um die Verwaltung der Burg und auch um Sieglinde zu kümmern. Gerold nahm den Auftrag leider etwas zu wörtlich und baggerte Sieglinde an, wo er nur konnte. Der Graf wäre doch bestimmt schon lange tot und käme nie wieder, sagte er. Ob sie beiden, Sieglinde und Gerold, sich nicht eine schöne Zeit auf der Burg machen wollten? Doch Sieglinde blieb eisern und wollte nichts von ihm wissen. Sie glaubte fest daran, dass ihr geliebter Mann bald zu ihr zurück käme. Als der Graf Jahre später tatsächlich zurückkehrte, war Gerold so beleidigt, dass er ihm allerlei Märchengeschichten über Sieglindes angebliches Lotterleben erzählte. Der eifersüchtige Graf glaubte ihm und ließ Sieglinde im tiefsten Verlies des Burgturms in Ketten legen. Erst Tage später gelang es einer Kammerzofe, den Grafen von Sieglindes Treue und Liebe zu überzeugen. Reumütig rannte der Graf ins Burgverlies, um seine schöne Frau zu befreien – doch es war schon zu spät. Sieglinde war an gebrochenem Herzen gestorben.

(Nach Anton Jocher)

Die echte Weiße Frau haben wir leider nicht persönlich angetroffen. Hier steht Lena Modell!

Seither soll Sieglinde immer wieder gesehen worden sein, wie sie Wanderern ihre gefesselten Hände entgegenhält und um Befreiung fleht. Nachts soll auch mitleiderregendes Gestöhne und Kettengerassel aus den Mauerresten dringen. Ja, auf der Burg Werdenfels sind früher wirklich schaurige Dinge geschehen: Hier wurden zur Zeit der Hexenverfolgung insgesamt 49 Frauen und ein Mann wegen angeblicher Zauberei gefangen gehalten, gefoltert und schließlich unten im Tal verbrannt. Eins der unschönsten Kapitel unserer Geschichte.

Doch das tragische Eifersuchtsdrama um die schöne Gräfin, das hat es so nie gegeben. Nicht einmal den Titel »Graf von Werdenfels« hat es je gegeben – außer im Jahr 1804, als sich der spätere König Ludwig I. auf einer Italienreise als solcher »tarnte«. Hinter der Legende von der Weißen Frau steckt vielmehr die uralte Sage von den drei Beten oder »Saligen Fräulein« – ursprünglich keltische Göttinnen (siehe Anhang). Ainbeth in Rot, Borbeth in Schwarz – und Wilbeth in Weiß. Die Wilbeth ist wohl sozusagen vom Spielleiten Köpfl zur Burg umgezogen, es ist ja nicht weit, und auf dem Weg hat sie irgendwie ihre beiden Begleiterinnen Ainbeth und Borbeth zurückgelassen. Vielleicht wollte sie einfach mal ein paar Jahrhunderte ihre Ruhe haben und alleine sein.

Mal kurz alleine sein und einfach tun, was einem gefällt. Wer kennt das Bedürfnis nicht. Die Weiße Frau ist also kein trauriger Geist und sie ist auch nicht alleine! Im Gegenteil. Im Frühling, im Neubeginn der Natur und besonders in jedem Kind lebt sie für immer

So hat die Burg um 1700 ausgesehen, als sie noch etwas weniger Ruine war (rechts am Rand). Vedute von Valentin Gappnigg, 18. Jhr.

Fühlt sich hier auch wohl: Gandalf, der Zauberer

weiter. Wer jetzt noch ein bisschen Ritter spielt oder den besten Standort für einen Ruinen-Schnappschuss sucht, kann sich auf dem Burgberg locker zwei Stunden aufhalten. Mit dem Atem der Geschichte im Nacken geht es von der Burgruine in einer knappen halben Stunde hinüber zu den Reschbergwiesen (gute Beschilderung). Bereits auf dem Weg dorthin ist der Lahnewiesgraben genau das richtige Terrain für kleine Mitbürger, die ihre Fähigkeiten im Deichbau und allgemeiner Wasserwirtschaft erproben wollen. Doch bei allem Pritschelspaß sollte man sich immer vergewissern, ob der Bluatschink auch wirklich mit den Aktivitäten einverstanden ist …

Auf den Reschbergwiesen lässt sich allerlei entdecken.

Nach einem letzten Anstieg öffnet sich der dunkle Mischwald recht schlagartig zu einem flachen, aussichtsreichen Sahnestückerl – den Reschbergwiesen mit ihren einzigartigen »Buckeln«. Als Erstklässlerin machte Henny einen Schulausflug hierher. Natürlich war auch sie von der Weite der Fläche begeistert. Vor allem aber gefiel ihr der Rastplatz am Flüsschen Lahne,[33] wo die Kinder spielen und sich ausruhen durften. Dabei machte sie eine bemerkenswerte Entdeckung. Am Abend erzählte sie ihrem Vater davon: »Da oben auf den Reschbergwiesen gibt es einen Bach, der läuft bergaufwärts!« Hennys Papa, ein herzensguter Mensch und geborener Kinderversteher, lachte sie nicht etwa aus, er ließ sie in ihrem Glauben: »Ehrlich, bergaufwärts? Das ist ja unglaublich. Dann muss das wohl der erste und einzige Bach auf der

---

33 Dort steht immer noch eine rustikale Sitzgruppe am ungefährlich flachen Wasser. Im Rücken ein schattenspendender Baum, direkt voraus der Königsstand: der vielleicht schönste Picknickplatz von ganz Werdenfels.

*Auch rund um den Reschberg sind die Drachen unterwegs …
Dieser hier tarnt sich als Baum.*

ganzen Welt sein, für den die Regeln der Physik nicht gelten. Henny, du hast einen Blick für das Besondere. Du wirst bestimmt mal eine Forscherin.« Da hatte er Recht, der liebe Papa aus Henny Schübel ist wirklich eine Forscherin geworden, eine Heimatforscherin. Und alle anderen kleinen und großen Forscher da draußen: Setzt euch für ein paar Minuten an die Reschberg-Lahne und schaut selbst nach …

Nachdem wir genug Sonne und Bergpanorama getankt haben, kehren wir über das nordwestliche (obere) Ende der Reschbergwiesen, ganz nah unter der Felswand des Königsstands entlang, wieder zurück zum Pflegersee.

Geheimtipp von Lena

Mit drei Söhnen geht es bei uns oft ritterlich rund, die Faszination für Schwerter und Turniere ist auch mit Einsetzen der Pubertät noch ungebrochen. Mindestens einmal im Jahr steht deshalb ein Besuch auf der Burgruine an, um bei den echten Rittern und Burgfräulein nach dem Rechten zu sehen. Leider herrscht an der Nordflanke des Burgbergs oft ein eisiger Wind! Schon mehrmals war die urige »Werdenfelser Hütte« unterhalb der Ruine unsere letzte Rettung. Kaiserschmarrn und Kakao am Kachelofen wärmen selbst den rostigsten Ritter auf. Aber Achtung, wer zu lange am Stammtisch versumpft, könnte beim Heimweg ins Tal mehr Rüstungen klappern hören, als ihm lieb ist. Mitternachts sollen sich oft zahlreiche Geisterritter in der Burgruine zu wilden Gelagen versammeln.[34]
Wer noch Kapazitäten übrig hat, kann im »Vorbeigehen« einen Minigipfel mitnehmen: Der kugelrunde Grubenkopf (967 Meter) am unteren Ende der Reschbergwiesen ist in einer Viertelstunde bequem zu erwandern. Wegen seiner vollen Bewaldung bietet er zwar keine Aussicht, doch punktet der Grubenkopf mit einer breiten »Prachtstraße« und einer ganz besonderen Atmosphäre auf der Kuppe: Auch hier darf man eine bronzezeitliche Höhensiedlung vermuten. Ein kleines, feines Gipfelglück in moosiger, felsiger Stille.

---

34 Nach Gundula Hubrich-Messow: *Die Geisterbeschwörung im Schlosse Werdenfels*, in: dies.: *Sagen und Märchen aus dem Bayerischen Oberland*, Husum 2011.

AUSFLUG 10

Brandopferplatz mit doppelter Maria: das Farchanter Spielleiten Köpfl

Eine kurze, aber knackige Runde über das Spielleiten Köpfl. Unten ein herrlicher Spielplatz, darüber ein begehrter Top-Aussichtspunkt – seit über 3000 Jahren. Begleitet werden wir dabei von ungefährlichen Wasserfällen, drei Edelfräulein mit Geisterpudel und sogar einem Baum im Ballkleid!

Tour: Rundweg, Schwierigkeitsgrad mittel, nicht kinderwagentauglich (steiler, verwurzelter Bergpfad)

Route: Ortszentrum / Bahnhof Farchant – Spielplatz Spielleitenweg – Spielleiten Köpfl – St. Andreas – Ortszentrum

Länge / Dauer: 4 Kilometer, ca. 250 Höhenmeter

Wo parken / ÖPNV: Das Ortszentrum von Farchant wurde erst im Jahr 2020 neu gestaltet und bietet viele Stellplätze. Außerdem hat Farchant wohl eins der schönsten Bahnhofsviertel dieser Erde: Vielleicht bleibt ja noch Zeit für einen Kakao und Brotzeit im Dorfladen unter den Arkaden, der 2019 als »schönster Dorfladen Deutschlands« ausgezeichnet wurde.

Der Farchanter Spielplatz am Spielleitenweg – fast schon Ziel genug

Sagenspaziergang

Allein der Spielplatz am Spielleitenweg ist schon einen eigenen Besuch wert. Liebevoll in die Umgebung eingebettet, bietet er ein natürliches Wassererlebnis und jede Menge Kraxel- und Turnmöglichkeiten. Der Wasserfall über die Steinplatten im Hintergrund ist so idyllisch, dass daran oft Fotoshootings stattfinden. Lenas zehnjähriger Sohn Leo drückt es so aus: »Das schaut ja aus wie der Eingang zu den Minen von Moria! Also wenn ich der Regisseur vom ›Kleinen Hobbit‹ gewesen wäre, dann hätte ich genau hier gedreht.« Wenn man sich gleich links neben dem Spielplatz auf den Weg hinauf zum Spielleiten Köpfl macht, plätschert das Wasser dort über grobe Felsblöcke, die aussehen wie uralte Stufen ins Reich der Riesen. Findet ihr die Stelle, die Leo meint?

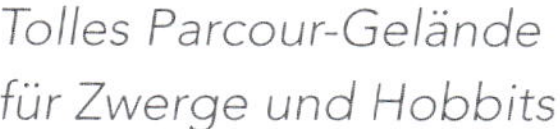

Tolles Parcour-Gelände für Zwerge und Hobbits

Die kleine, feine Lourdesgrotte von Farchant

Nur einen Katzensprung vom Spielplatz entfernt (dem Wanderweg Richtung Burgrain / Garmisch-Partenkirchen 50 Meter lang folgen) befindet sich eine hübsche kleine Mariengrotte, liebevoll gepflegt und reich mit Blumen geschmückt. Und diese Grotte ist nicht das einzige verborgene Juwel zur Marien-Verehrung. Für die zweite Andachtsstätte braucht es aber gewisse Kraxelkünste. Der Weg zum Spielleiten Köpfl hinauf ist nicht weit, aber steil. Nehmt euch in Acht vor rutschig-glitschigen »Irrwurzeln«, falls es kurz zuvor geregnet haben sollte! An einer Stelle sollte man unbedingt die Hände zum Klettern dazunehmen.[35]

---

[35] Lebensgefährlich ist der Abgrund freilich nicht, aber für einen geprellten Knöchel oder eine zerrissene Hose reicht es allemal.

Auf halbem Weg nach oben wächst in einer Kurve ein knorriger, uralter Bergahorn, den man schon von Weitem sieht. Er verbirgt eine schöne Überraschung, die sich aber nur dem aufmerksamen Wanderer beim Vorbeigehen zeigt: Auf der dem Berg zugewandten Seite verbirgt sich eine natürlich entstandene Höhle im Holz. Beim Wachsen hat der widerstandsfähige junge Ahorn mehrere Steinbrocken »geschluckt« und mit in die Höhe geschoben. Als der größte dieser Brocken später durch Witterungseinflüsse zerbrach und durch die Kraft des Baumes herausgeschoben wurde (vielleicht haben auch Menschen mitgeholfen), entstand ein Hohlraum. Gläubige Zeitgenossen stellten ein bronzenes Marienbild hinein. Vielleicht habt ihr Lust, ein paar Blumen oder hübsche Blätter hineinzulegen?

Nach der kurzen, knackigen Kraxelei öffnet sich die Landschaft zu einem bewaldeten Plateau, auf dem erst einmal eine gefasste Quelle neben dem lauschigen »Bräuwastl-Hüttl« zum Rasten einlädt. Jetzt sind wir schon mitten drauf auf dem Spielleiten Köpfl. Oben angekommen, fällt die Orientierung erst einmal schwer., denn der tatsächliche Pfad zum Aussichtspunkt ist verwachsen. Doch wer sich ein paar Meter durchs Gebüsch schlägt, wird mit einem wunderbaren Blick auf das obere Loisachtal belohnt.

Das Spielleiten Köpfl ist ein Brandopferplatz, eine Kultstätte aus der Bronzezeit in herrlichster Lage mit direkter Sichtachse zur Alpspitze. Verständlich, dass die Menschen hier schon vor über 3000 Jahren den Gottheiten geopfert haben! Wer allerdings eine kleine Ausstellung oder wenigstens eine Hinweistafel erwartet hat, wird enttäuscht. Die Grabungsflächen wurden längst wieder zugeschüttet, jeder Fingerzeig auf ihre exakte Lage fehlt. Das ist Absicht, um den Raubgräbern keine »gmahde Wiesn« anzubieten. Die Geschichte von der Wiederentdeckung dieses Orts ist fast schon eine neue Sage für sich. 1993 machte der Oberammergauer Emil Bierling einen Spaziergang über das Spielleiten Köpfl, scharrte mit seinem Stock ein wenig im Boden und entdeckte dabei einen Gegenstand nach dem anderen: Tonscherben, rostige Eisengeräte, Knochen,

Gipfel erreicht: Im »Bräuwastl-Hüttl« dürfen sich auch Nicht-Biertrinker ausruhen.

sogar kleine Schmucknadeln aus Bronze (sogenannte Fibeln). Wenig später fand er in der Nähe des heutigen Farchanter Friedhofs auch noch eine etwa 2500 Jahre alte Pferdchenfibel. In der Folge führte das Bayerische Landesamt für Denkmalpflege bis 2009 in Zusammenarbeit mit der Münchner Ludwig-Maximilians-Universität umfassende Grabungen auf dem Spielleiten Köpfl durch. Dabei fanden sie einen Eimer aus der Hallstattzeit (800 bis 620 v. Chr.), zahlreiche weitere Fibeln, Keramikreste und Werkzeuge aus verschiedenen Materialien, aber auch zwei Kultgebäude. Die beiden Häuschen mit dicken Steinmauern waren so groß wie kleine Kinderzimmer, sie hatten knapp 10 und 12 Quadratmeter. Aus unbekannten Gründen riss man die

Gebäude 450 v. Chr. ab und schaufelte Erde darüber. Vielleicht, um die beliebte Kultstätte vor zu viel Besuch zu schützen? Schließlich war das Spielleiten Köpfl ganz klar ein Brandopferplatz, befand die Grabungsleiterin Amei Lang – und zwar ein sehr wichtiger.[36] Vor allem die Pferdchenfibel rückte die Geschichtsschreibung des Loisachtals in ein ganz neues Licht: Sie ist das erste archäologische Fundstück, das den direkten Kontakt zwischen Rätern und Kelten beweist.

Geheimtipp von Henny

An der hinteren Kirchenwand von St. Andreas lauert außen der Drache am Kriegergedächtnisdenkmal. Er ist etwas schwierig zu erkennen, weil der Stein so hässliche graue Verfärbungen hat. Aber ich bin mir ganz sicher, dass ihr ihn trotzdem entdeckt! Vielleicht auch ein Hinweis darauf, dass hier der Drache als Begleiter der rätisch-keltischen roten Göttin Ainbeth schon sehr lange residiert. Gleich ums Eck liegt übrigens auch noch eine kleine Quelle.

36 Was opferten die Leute damals außer Schmuck und Geschirr? Zum Glück keine Menschen – meistens besonders stattliche Schafe und Ziegen. Die (wenigen) gefundenen Kuhknochen allerdings stammen von eher kleinen, schmächtigen Tieren. Unsere heutigen Kühe sind fast doppelt so groß!

Geheimtipp von Lena

Auf dem Pfad vom Spielplatz zum Spielleiten Köpfl hinauf kommt man nach etwa einem Drittel der Strecke an eine Weggabelung. Wer sich hier links hält, »kraxelt« den normalen Weg weiter. Doch auch der rechte Weg führt ans Ziel und zwar mitten durch einen breiten Wasserfall. Der Weg ist hier messerscharf in den Stein geschnitten. Tolles kleines Abenteuer für Zwerge. Unweit davon steht ein Baum mit »Ballkleid«: Eine alte Fichte wurde rundherum von einem Pilz befallen und so zur Bildung eines sogenannten Kallus angeregt. Je nach Motivationslage bietet sich diese (flachere) Strecke vor allem für den Rückweg an.

Lust auf ein Tänzchen? Diese alte Fichte trägt Ballonrock.

AUSFLUG 11

Drenten und herenten: Über unsichtbare Grenzen von Werdenfels nach Bayern und zurück

Wenn früher ein Werdenfelser des Landes verwiesen wurde, musste er nur nach Oberau gehen – denn das gehörte schon zu Bayern und war damit Ausland. Eine spannende Rundwanderung über »stinkendes Wasser« und mittelalterliche Schanzanlagen, vorbei am größten Kriegsschauplatz der Region.

Tour: Schwierigkeitsgrad mittel, im Tal kinderwagentauglich (kurzer, knackiger Abstecher hinauf zu den Kuhfluchtfällen nur für größere Kinder empfohlen, da Absturzgefahr)

Route: Farchant, St. Andreas – Walderlebnispfad – Kuhfluchtfälle – Gedenkstein Föhrenheide mit Schwedenschanze – Loisachbrücke Oberau – »Gstinkerter Graben« – »Steinernes Brückerl« – Farchant

Länge / Dauer: gut 10 Kilometer, 3 Stunden reine Gehzeit, Kuhfluchtrundweg über den Walderlebnispfad nochmal ca. 3 Kilometer dazu.

Wo parken / ÖPNV: Praktischerweise liegen in Farchant Skilift und Warmfreibad direkt nebeneinander. Vor allem in der Zwischensaison Frühling / Herbst gibt es hier jede Menge Parkplätze. (Auch Anbindung an den Ortsbus.)

Sagenspaziergang

Nach Garmisch eini, nach Eschenloh außi: In der Sprache der Einheimischen ist die Grenze noch sehr präsent. Im »echten Leben« dagegen ist es durch den Bau des Umgehungstunnels kaum noch möglich, das »Steinerne Brückl« am Ronetsbach zu besuchen. 500 Jahre lang war hier die Grenzstation zwischen Bayern und Werdenfels, insgesamt 89 Grenzsteine markierten das Werdenfelser Land mit seinen ca. 490 Quadratkilometern Fläche. Zwischen Oberau und Farchant wurde der Verlauf besonders peinlich markiert, denn hier ging es sozusagen um die Wurst: Rein durfte schließlich nicht jeder. Zur Abschreckung von Gesindel stand hier ein Galgenbaum, der mit angenagelten Schädeln und drastischen Darstellungen auch Fremdsprachlern und Analphabeten klarmachte, was dahergelaufenen Tunichtguten in der freien Grafschaft Werdenfels drohte.[37] Dieser Galgenbaum ist zum Glück längst Geschichte, doch der Grenzverlauf ist immer noch sichtbar: In Form des Ronetsbachs und der Loisach gluckert er dahin.

Wir starten unsere Runde an der barocken Dorfkirche St. Andreas in Farchant, die auf einem uralten vorchristlichen Weiheplatz errichtet ist. Die Wandermönche der iro-schottischen Mission setzten den Vorgängerbau bereits um 750. Ein kleines Schmuckkasterl, an dem man nicht gleich vorbeilaufen sollte. Doch auch der weitere Weg durchs Dorf, an herausgeputzten Werdenfelser Bauernhöfen entlang, über die alte B2 in Richtung Bahnhof und über die Loisach-

[37] Nach Josef Brandners hervorragendem Werk *Rund ums Landl. Altwerdenfelser Grenzsteine und Felsmarchen. Geschichte, Denkmäler, Geschichten. Vom Gebietsanspruch zu sicheren Grenzen*, Garmisch-Partenkirchen 1993.

brücke ist ein Genuss. Danach ist eine Entscheidung gefragt: erst über den wunderschönen Walderlebnisweg durch die Föhrenheide zu den Kuhfluchtfällen oder gleich hinüber zum Denkmal für die Schlacht am »Steinernen Brückerl«? Speziell am Wochenende ist der Walderlebnispfad durch die Föhrenheide aber stark besucht – wem's zu voll ist, der kann erst einmal linksherum gehen und sich die Kuhflucht für später aufheben.[38]

Schön hier, gell? Kein Wunder, schließlich heißt der Walderlebnispfad eigentlich Königsweg. Denn der junge bayerische König Maximilian II. Joseph (der Papa des Märchenkönigs Ludwig II.) wanderte gleich nach seiner Krönung 1848 zu Fuß von Lindau nach Berchtesgaden, um seine Untertanen kennenzulernen. Auch der König machte schon einen Abstecher zur Kuhflucht und die ist wahrlich sagenhaft. Sie hat stolze 45 Quadratkilometer Einzugsfläche und entspringt hoch oben im Estergebirge aus einer gigantischen Quellhöhle, die sich über mehrere Kilometer erstreckt. Bisher ist es den Höhlenforschern nicht gelungen, sie komplett zu erforschen. Zu gefährlich sind die unberechenbaren Wasserströmungen und die ständige Einsturzgefahr im karstigen Gestein. Vielleicht aber liegt das auch daran, dass die Zwerge da oben nicht so gerne Besuch haben …

Von landschaftsmythologischen Grundsätzen her kann man davon ausgehen, dass es sich bei der Kuhflucht um das bisher noch nicht archäologisch gesicherte Quellheiligtum der Borbeth handelt. Zum bekannten Brandopferplatz der Wilbeth auf dem Spielleiten Köpfl gegenüber sowie dem energetisch starken Drachenplatz der Ainbeth in Farchants Dorfmitte fehlt nur noch die Dritte im Bunde!

---

38 Die Herkunft des Namens »Kuhflucht« ist noch immer nicht ganz geklärt. Es gibt drei Theorien: 1. Von lateinisch Confluctum, also Zusammenfluss mehrerer Wasserläufe. 2. Vom Dialektausdruck Kuahflack – dem Ort, wo sich die Kuh »hinflackt«, also hinlegt. 3. Kuhflucht im Wortsinne, weil die Bauern während des Dreißigjährigen Kriegs hier ihre Tiere vor den Schweden versteckten.

Allerlei nette Details machen den Farchanter Walderlebnisweg abwechslungsreich.

Kein Ort in der Umgebung würde die Anforderungen an einen solchen Platz besser erfüllen als die Kuhflucht-Quelle.

Vom Ammergebirge bis hinüber zum Estergebirge, genauer gesagt vom Farchanter Heuberg bis zur Röhrlenwand am Fuße des Hohen Frickens ist das Loisachtal besonders eng. Die beste Stelle, um sich zu verschanzen. Und genau das taten die Werdenfelser im Dreißigjährigen Krieg, als sie in monatelanger schwerer Arbeit große Erdhügel anlegten, um sich gegen schwedische Truppen zu schützen. Tirol und Bayern unterstützten das Vorhaben. 1648 war das Mammutwerk fertig, komplett mit Wassergräben und gekrönt mit angespitzten Baumstämmen, die nach Norden zeigten. Bewaffnete Schützen bewachten es rund um die Uhr, um im Angriffsfall sofort in Stellung zu gehen. Doch wer kam nicht? Die Schweden. Sie hatten in Murnau und Umgebung reiche Beute gemacht und zogen wieder ab. Wenig später endete der Dreißigjährige Krieg sowieso, die Verteidigungsanlage wurde von den Bauern teilweise eingeebnet. Gut 50 Jahre später allerdings wurde die Lage wieder brenzlig, 1703 baute man schräg südlich unter die Schwedenschanze die Neue Schanz. Wieder mit Wassergräben und spitzen Palisaden, aber diesmal auch auf der östlichen Seite der Loisach. Mehr als 1 ½ Kilometer lang und teilweise an eine barocke Sternschanze erinnernd, sperrte sie das Tal genau in die entgegengesetzte Richtung ab: Die Grafschaft Werdenfels war im Spanischen Erbfolgekrieg zwischen den kaiserlich-österreichischen Habsburgern und dem kurbayerischen Fürstentum der Wittelsbacher eingeklemmt. Man wollte dringend

Die Schwedenschanze bei Farchant: Schauplatz der schlimmsten Schlacht im Tal

verhindern, dass die aus Tirol einfallenden Habsburger bayerisches Gebiet eroberten. Und die kamen dann auch wirklich. Am 27. August 1703 trafen hier 11 000 Österreicher auf 900 Bayern, die bereits auf dem Rückzug waren. Sie hatten keine Chance gegen die zwölffache Übermacht. Innerhalb von nur vier Stunden wurden sie bei der Schlacht am »Steinernen Brückerl« komplett besiegt, der kurfürstliche Hauptmann Berdo ergab sich mit bloß 60 überlebenden Soldaten. Heute erinnert ein schlichter Gedenkstein an die tödlichste Schlacht der Region.[39] Die drei Föhren an dem feierlich anmutenden Platz sind übrigens auch im Farchanter Wappen zu finden, da der alte Ortsname »Forcheida« Föhrenheide bedeutet.

Westlich des Gedenksteins kann man noch gut ein typisches, spitzsternförmiges »Couvreface« erkennen: ein Wall außerhalb der

---

39 Eine morbide Rechenaufgabe, um sich die Ausmaße dieses Dramas vorzustellen: 1000 Tote in 4 Stunden, das bedeutet vier Tote pro Minute!

Kuhfluchtwasserfälle
bei Farchant

eigentlichen Festung, hinter dem Schützen als Außenposten die höher liegende Bastion vor direktem Feindbeschuss bewahren sollten. Könnt ihr euch vorstellen, hier im Dreck zu liegen und 11 000 gegnerische Soldaten auf euch zumarschieren zu sehen? Lieber nicht! Gut, dass wenige Meter weiter der sprudelnde Röhrlebach die Alte Schanz schneidet. Es ist ein munterer, fischreicher Bach, über den eine Brücke führt. Der Röhrlebach wird aus dem Loisachgrundwasser gespeist und ist eine Kinderstube für viele verschiedene Fischarten. Ein wunderbarer Wasserspielplatz, an dem sich die Nachmittagssonne gut aushalten lässt.[40] Und auch auf dem weiteren Weg nach Oberau finden wir jede Menge »Augen-Anker«: Wildhecken, Gehölzgruppen sowie knorrige einzeln stehende Uraltbäume. Wenn wir das Gut Buchwies – heute ein Golfclub – am Fuß von Rißkopf und Bischoff liegen sehen, sind wir schon fast da. Gleich links nach der Loisachbrücke mit dem schönen Blick ins Wettersteinmassiv steht etwas erhöht die kleine Kapelle St. Nepomuk am Ufer. Von dort geht es weiter über die Bahngleise und die zu querende Bundesstraße durchs Dorf, vorbei an Rathaus und Tourist-Info. Am Dorfplatz links halten, immer auf den Kirchbichl mit der St. Georgs-Kapelle als Wegweiser zu.

Hier ist es, abgesehen von der zu querenden Bundesstraße, erst einmal ganz friedvoll. Im »Kirchendreieck« geht es zum Eisstock-Platz und dahinter in den angenehmen Schatten des Laubwalds auf dem Kirchbichl-Rundweg. Die vielen Fahrzeuge auf der Bundesstraße unten können wir noch eine Weile hören, aber nicht sehen. Schon in uralten Zeiten benutzten die Reisenden diesen trockenen Waldweg, weil das sumpfige Loisachtal an dieser Stelle durch die Frühjahrsschneeschmelze oder nach Starkregen oft überflutet und unpassierbar war. Beim ersten Wegabzweig verlassen wir den Kirch-

---

[40] Durch zu viel Wasserentnahme kam es in der Vergangenheit leider oft zum Trockenfallen des Bachbetts und einem damit verbundenen Fischsterben. Mit den neuen, der Grundwassermenge angepassten Pumpmengen sollte das hoffentlich der Vergangenheit angehören.

Weg vor Oberau bei der Buchwies

bichl-Rundweg links Richtung Farchant. Ab hier bitte an jedem noch so kleinen Wasserlauf gründlich schnuppern: Könnte das schon der schwefelhaltige »Gstinkerte Graben« sein? Zum Glück queren wir insgesamt sieben Wasserläufe, bis wir wieder unten im Tal herauskommen. Es gibt also jede Menge Riecharbeit zu leisten! Kleiner Tipp: Das Originalstinkwasser hat einen kleinen Wasserfall und eine Brücke mit grünem Geländer.

Wenn wir am Fuß des Heubergs aus dem Wald herausspazieren, haben wir direkt die ehemalige bayerische Grenzwiese vor uns. Der unschuldig dahinfließende Ronetsbach trennte Werdenfels vom weißblauen Kernland ab. Das originale »Steinerne Brückl«, eine 500 Jahre alte Bogenbrücke samt Grenz- und Zollstation, wurde leider bereits 1935 abgerissen. Heute ist dieses jahrhundertelang so wichtige Zugangstor zu Werdenfels nur mehr ein fades Betonbrückerl. Denken wir spätestens an dieser Stelle an den Heiligen Petrus Canisius, der sich vor rund 450 Jahren auf diesem Weg nach Partenkirchen befand! Er wäre nämlich im Herbst 1567 fast in der Loisach ertrunken …

Wie der Heilige Canisius dem Loisach-Engel begegnete

Der Jesuitenpater Canisius, bereits ein bekannter Theologieprofessor und Gegenreformator, kam gerade von Ettal herunter und hatte den steilen Kienbergpass unbeschadet hinter sich gebracht. Doch bereits in Oberau wurde er vom wilden Wasser der überschwemmten Loisach überrascht. Tapfer ritt er mit seinem Begleiter weiter Richtung Farchant. Doch bei der Durchquerung der Loisach scheute sein Pferd. Canisius rutschte vom Sattel, blieb mit einem Fuß im Steigbügel hängen und geriet kopfüber in die gurgelnden Fluten. Auch sein Begleiter konnte nicht helfen. Canisius sah sein letztes Stündlein gekommen, als plötzlich aus dem Nichts ein riesengroßer Kerl erschien. Er packte den Canisius, hob ihn aus dem Wasser und setzte ihn wieder auf sein Pferd. Canisius, noch starr vor Schreck, wollte sich bei seinem Retter bedanken und ihm Geld schenken. Der Mann lehnte ab, ebenso wie die angebotene Brotzeit im nächsten Ort. Genauso schnell, wie er erschienen war, war er auch schon wieder verschwunden. Beim Weiterreiten machten sich die Reisenden Gedanken über die Identität des geheimnisvollen Retters. Sie kamen zu dem Schluss, dass es sich nur um einen Engel gehandelt haben könnte. Denn ein normaler Mensch aus Fleisch und Blut, da waren sich die beiden Kirchenmänner sicher, hätte niemals ein Geldgeschenk und schon gar keine Brotzeit ausgeschlagen![41]

---

[41] Abgedruckt mit freundlicher Genehmigung der Autoren aus Appler, Sigi/Bitzl, Peter/Schelle, Heinz: *Sagen und andere wunderliche Geschichten*, Kufstein 2020.

Doch der uralte, unheimliche Grenzbereich, dieser Übergang zwischen den Ländern und den Realitäten, spiegelt sich auch noch in anderen Geschichten wider. Viel jünger als die Überlieferung von Canisius und seinem Loisach-Engel ist beispielsweise die Sage vom Irrlicht, das immer wieder auf Höhe des »Steinernen Brückls« herumgeistert. Es soll sich dabei um die Seele eines gehängten Verbrechers handeln. Die Idee ist nicht so weit hergeholt: Um auch Analphabeten die Konsequenzen unerwünschten Verhaltens auf Werdenfelser Flur klarzumachen, stand einst eine sogenannte Schandsäule am »Steinernen Brückl«, schauderhaft ausgestaltet mit Folterwerkzeugen, Knochen und drastischen Bildern. Wir halten uns nun immer am Waldrand unterhalb des Schafkopfs, an weiten Wiesen und immer den Ronetsbach entlang, bis wir wieder in den Wald eintauchen. Fast schon an der Dorfgrenze von Farchant angelangt, finden wir einen ganz idyllischen Rastplatz. Neben kleinen Mühlradln am Wasser und auf schattigen Ruhebänken können wir uns noch stärken, bevor es zurück in die Zivilisation geht.

Loisachbrücke Oberau mit Blick auf den Wetterstein

Geheimtipp von Henny

An der Oberauer Loisachbrücke bei der kleinen Kapelle St. Nepomuk bitte kurz stehenbleiben: Sie erinnert daran, dass hier noch vor 100 Jahren die Flöße nach München abgelegt haben. Oberau, mein Heimatdorf, wird heute oft nur als Durchgangsstation wahrgenommen. Dabei hat es so viele interessante Details aufzuweisen: zum Beispiel die geologische Besonderheit des »Sandbichls«, wo bei den Sieben Bankerln uralte Föhren wachsen. Wegen dieses Hügels gibt es sogar in Russland ein Stückerl Oberau, denn hier wurde Gips abgebaut, aus dem man die im Barock so begehrten Stuckverzierungen fertigte. Dieser Oberauer Gips wurde mit Flößen nach Wien verschifft und dann teils auf dem Landweg bis nach St. Petersburg verbracht, wo er schließlich an den Decken der weltberühmten Eremitage landete. Wem das zu weit weg ist, darf sich gerne in der Kirche St. Andreas und allen anderen bayerischen Barockkirchen umsehen – auch da gibt es Stuckschnörkel von »dahoam«.

Die Flößerei ermöglichte schnellen, aber gefährlichen Warentransport Richtung München.

AUSFLUG 12

Die kleine Wunderfee: Die Mundl unter dem gaachen Kienbergpass

Selbst heute ist der Ettaler Berg mit seinen zahllosen steilen Kurven nichts für Hasenfüße. Schon vor tausend Jahren war der Übergang zwischen Loisach- und Ammertal gefürchtet. Gleich daneben aber »wohnt« ein Zauberwesen: Eine Fee, die schon den Kelten bekannt war. Besucht die Mundl in ihrem glitzernden Reich. Aber aufgepasst: Ab dem hölzernen Steg ist absolutes Stillschweigen erforderlich! Nur wer am längsten ganz leise sein kann, erblickt die Fee mit eigenen Augen …

Tour: Schwierigkeitsgrad einfach, bedingt kinderwagentauglich

Route: Oberau, Ortsteil Untermberg – Wanderparkplatz Skilift Rabenkopf – Alte Ettaler Straße durchs Gewerbegebiet – Gießenbachklamm – Maulenbachquelle

Länge / Dauer: Der Weg in die Klamm ist einfach, aber holprig: nur für Kinderwägen mit Luftreifen geeignet. Gesamtlänge hin und zurück ca. 2 Kilometer. Es müssen zwei Brücken überquert werden. Die zweite ist ein Holzsteg ohne Geländer: stabil, aber bei Nässe mit Vorsicht zu genießen!

Wo parken / ÖPNV: Der Ausgangspunkt unseres Spaziergangs liegt gleich neben dem Gewerbegebiet, idealerweise am Wanderparkplatz beim Skilift Rabenkopf. Perfekt wäre auch die Bushaltestelle Untermberg. Vom Bahnhof Oberau sind es etwa 600 Meter weiter. Die Straße (B23) dorthin hat einen Bürgersteig, ist jedoch stark befahren.

Sagenspaziergang

Unser Weg zur Mundl beginnt am Wanderparkplatz Skilift Rabenkopf. Ein beschaulicher Ort, den wir trotzdem besser rasch verlassen. Denn der heutige Parkplatz liegt mitten auf einem uralten Hirschbrunftplatz, auf dem sich Generationen von Hirschen seit undenklicher Zeit zum Kämpfen zusammenfinden. Solche Brunftplätze bleiben über Jahrhunderte bestehen, auch wenn über mehrere Jahre keine Hirsche im Revier gewesen sind: Die Herren des Waldes erkennen den geeigneten Platz immer wieder. Hirsche nutzen bevorzugt Plätze mit negativer Energie, um so mit besten Voraussetzungen in ihren Machtkampf um die Rudeloberherrschaft zu gehen. Sie lassen sich an diesem Ort geradezu mit Kampfeslust aufladen. Kurz innehalten, die Augen schließen und sich diese Stelle am Waldesrand so vorstellen, wie sie noch vor nicht allzu langer Zeit war: ganz einsam, eine unendlich große bunte Wiese voller Alpenblumen. Damals gab es hier nur das Edel-Haus links oben und rechts gegenüber davon das Geißler-Haus. Denn auch früher wollten Menschen lieber nicht direkt auf diesem unangenehmen Ort wohnen. Spürt ihr es auch schon? Dann schnell weg! Richtung Nordwesten, die Alte Ettaler Straße entlang. Nach einem kurzen Wegstück geht es durch das Gewerbegebiet, über das ehemalige Fabrikgelände der »Papier & Pappe«. Diese einstmals modernste Lederpappenfabrik Europas existiert seit einem verheerenden Brand im Jahr 1997 nicht mehr.

Am Ende des Gewerbegebiets stehen wir vor dem Kienzerle-Gut, das um 1880 vom Gründer der Pappenfabrik genau an der Stelle des alten Gasthofs »Untermberg« gebaut wurde. Der »Alte Untermberg« war seit dem 12. Jahrhundert Wirtshaus und Pferdewechselstelle. Auch Vorspanndienste mit zusätzlichen Pferden der Oberauer

Bauern wurden für die Fuhrleute geleistet, damit die schweren Handelsfuhren den »gaachsten« Teil der ganzen Rottstraße hinaufkommen konnten. Über den steilen Kienbergpass zum Ammertal war der einzig mögliche Weg von Venedig nach Augsburg, wenn man nicht im Murnauer Moos versinken wollte. Der Kienbergweg war bei den Fuhrleuten so gefürchtet, dass sie sich schon in Italien darüber unterhielten. Ob wohl der Hangrutsch vom letzten Mal schon beseitigt war? Ob der Regen wieder die tiefen Fahrrinnen in Sturzbäche verwandelt hatte? Immer wieder kam es zu schlimmen Unfällen mit Todesfolge bei Mensch und Tier. Ganze Fuhrwerke kippten um oder gerieten außer Kontrolle. Im Jahr 1875 wurden zwei Männer von der 40 Tonnen schweren Figur des Heiligen Johannes dem Evangelisten erschlagen, als sie im Auftrag von König Ludwig II. eine monumentale Kreuzigungsgruppe hinauf nach Oberammergau bringen wollten.[42] 32 Pferde, 175 Höhenmeter, dazu Starkregen: Bis zur halben Wegstrecke ging das Mammutvorhaben erstaunlicherweise gut. Nach kurzer Rast vor dem letztem Steilstück erwies sich der Vorspann aber als zu schwach und der Wagen ging zurück. Die eingelegten Radschuhe bremsten, dadurch riss ein Halteseil der Statue, die nach rückwärts rutschte und auf den dahinter gehenden Meister Hauser fiel und ihn zu Tode quetschte. Im Weiteren neigte sich die Statue und traf im Umstürzen noch den Steinmetzgesellen Kofelenz, der durch diesen Schlag kurze Zeit später auch verstarb.

Jetzt ist der Ortsteil Untermberg zu Ende, nach der betonierten Gießenbachbrücke verengt sich das Tal. Bald kommt die Abzweigung zur ältesten Ettaler Bergstraße über den fatalen Kienbergpass,

---

[42] Diese Kreuzigungsgruppe, damals das größte Steindenkmal der Welt, steht immer noch in Oberammergau. König Ludwig II. hatte sie gestiftet, weil ihn die Passionsspiele so beeindruckt hatten. Drei Jahre lang reiste der König jeden September ins Dorf, um vor dem Monument in ein andächtiges Gebet zu versinken. Dann allerdings wurden dem menschenscheuen Wittelsbacher der Trubel und die Schaulustigen zu viel – er kam nie wieder.

Psst, hier beginnt das Reich der Mundl. Es darf nur noch geflüstert werden …

wo heute statt Pferdefuhrwerken allerdings Mountainbiker, Wanderer und Pilger unterwegs sind. Hier links halten und den eben verlaufenden Weg der ältesten Ettaler Bergstraße einschlagen. Dieser Waldweg, der sich eng an den Gießenbach schmiegt und sich hier ohne Steigung ganz zahm zeigt, ist der eigentliche historische Zugang zum gefürchteten Kienbergpass. Der Aufstieg zum Ettaler Sattel beginnt ganz unvermittelt steil am Ende vom Tal. Wir gehen diesen Weg aber nur so weit, bis wir den kleinen Holzsteg über den Gießenbach erreichen. Von hier sind es keine 300 Meter mehr bis zu der Stelle, wo sich das Wasser der Maulenbachquelle mit dem Gießenbach verbindet – die Heimat der Quellfee Mundl.

Die Quellfee Mundl

Diese Sage ist bei einigen Oberauern noch bekannt, aber unseres Wissens nach nie zuvor schriftlich fixiert worden. Die mündliche Überlieferung von der Mundl hält sich hier tatsächlich seit weit über tausend Jahren! Sie ist aber auch einfach zu schön, um sie zu vergessen. Da Henny Schübel in Oberau aufgewachsen ist, erzählt sie sie einfach selbst.

»Schon als kleines Kind bin ich gern mit meinen Freunden ins Gießenbach-Tal gegangen. Ganze Nachmittage haben wir dort im schattigen Kiesbett verbracht, Steinburgen gebaut, am Bach gespielt oder Schifferl zum Stauwehr fahren lassen. Damals stand gegenüber dem Gut noch das kleine Haus am Werkkanal, in dem die Frau Wiedemann und die Frau Burghart mit ihren Familien wohnten. Und meistens, wenn unsere kleine Kinderschar an diesem Haus vorbeikam, stand eine von den beiden auf dem umlaufenden Balkon und hat uns zugerufen: »Geh, seid's fei recht staad, wenn's hintre geht's, sonst segt's d'Mundl ned!« [Gell, seid schön still, wenn ihr hinter geht, sonst seht ihr die Mundl nicht!] *Wir bejahten immer ganz brav und zogen schwatzend weiter. Aber dann, ab dem Holzsteg, da schlichen wir fast auf Zehenspitzen, ganz lautlos und ganz gespannt zur Mundl und dann wurden wir belohnt … wir sahen die kleine Quellfee im weißen Hemd fröhlich mitten im Wasserfall sitzen. Sie hatte langes blondes Haar und ein liebes Gesicht, und die Wassertropfen sprühten um sie herum wie tausend glitzernde Diamanten. Wir spürten, wie sie uns beim Spielen zulächelte und uns ihren Schutz schenkte. Es hat auch gewirkt: In all der Zeit ist nie etwas passiert, kein aufgeschlagenes Knie, allerhöchstens nasse Füße. Wenn wir dann nach einem langen Nachmittag vom Spielen hungrig ins Dorf zurückkehrten, fragten bestimmt wieder die Frau Wiedemann oder die Frau Burghart: »Hobt's d'Mundl g'seng?« und mit gutem Gewissen antworteten wir stets mit: »Jaaaa!« Eine nettere Anweisung zum Bravsein kann man sich kaum vorstellen.*

Der Bach plätschert immer munterer und idyllischer. Rechts ist eine Quellfassung zu sehen, die einst die Pappenfabrik samt Oberau mit Wasser versorgte und nicht mehr in Betrieb ist. Jetzt sind wir auch gleich da: am Zusammenfluss von Gießenbach und Maulenbach, wo das Wasser einen eiskalten Natur-Whirlpool bildet und die Stimmung seit tausenden von Jahren einfach sagenhaft gut ist.

Am Felsen, gleich hinter der Sitzbank, findet sich ein mit Blumen geschmücktes feines Bronzebildnis, es erinnert an den Jugendstil. Wer das wohl sein soll? Vielleicht ja tatsächlich die Mundl. Sie ist ja auch etwas ganz Besonderes: eine kleine zarte Fee – möglicherweise eine keltische.[43] Wahrscheinlich ist die Maulenbach-Quelle ein heiliger Platz einer ehemals rätischen Quellgöttin, deren Name uns nicht überliefert ist. Die um 500 v. Chr. eingewanderten Kelten verehrten sie weiter und gaben ihr den Namen Borbeth. Bei der Christianisierung wurde die Quellgöttin Borbeth zur Heiligen Barbara. Das Schöne ist dabei, dass Borbeth und Barbara als Hüterinnen der Unterwelt die gleiche Aufgabe behalten haben: Sie passen weiterhin auf Quellen auf und sind als Schutzpatroninnen von Bergleuten und Tunnelbauern für alles zuständig, was sich unter Tage abspielt. Hier, am wichtigen und gefährlichen Passaufstieg, wurde wohl die Quellgöttin Borbeth bereits im 6. Jahrhundert von den neu angekommenen merowingischen Franken als eine bedeutsame Dame erkannt. Schon vor Beginn der iroschottischen Missionstätigkeit erhielt sie vermutlich ihren neuen Namen Mundl. Denn die fränkischen Stammesverbände sprachen einen germanischen Dialekt und im Germanischen bedeutet »Mund« Schutz. Heute noch haben wir diese Bedeutung im »Vormund« oder in dem »Mündel«. Auch in Vornamen finden wir diese germanische Wortwurzel, wie zum Beispiel in den im angelsächsischen Raum häufig verbreiteten Namen »Rosamund« und »Edmund«: Letzteres heißt so viel wie »Schatzhüter«.

Die Maulenbachquellen, die aus vielen kleinen Quellmündern aus dem eiszeitlichen Geschiebewall herausspringen, werden vom Grundstrom der Ur-Ammer gespeist und münden genau hier, am

---

43 Das wäre insofern bemerkenswert, als dass uns die Kelten im Oberland trotz archäologisch bestätigter Kontakte ansonsten nur wenige Spuren hinterlassen haben. In Großbritannien und Irland, wo sich die keltische Kultur bis heute erhalten hat, wimmelt es hingegen nur so von Feen und Elfen.

Ob diese beiden jungen Damen gerade die Quellfee Mundl gesehen haben?

magischen Platz der Mundl, in den Gießenbach hinein. So könnte die Moränenwand mit den vielen wasserspeienden »Mäulern« der zweite Grund für die Namensgebung der Mundl gewesen sein. Den verästelten kleinen Wasserfall hinaufzuklettern und sich diese Quellwand selbst anzuschauen, sollte allerdings nur im Hochsommer den Freunden des nassen Elements vorbehalten bleiben.

Eine rätische Gottheit also, mit keltischem Beiwerk und germanischem Namen: Die Mundl ist eine wahre Vertreterin vieler Kulturen. Den Händlern und Pilgern auf dem steilen Weg zum Kienbergpass kam sie in allen Erscheinungsformen gelegen.

Beistand von ganz oben hatte auch ein junger Oberauer in unserer Zeit. Die Geschichte trug sich erst vor ein paar Jahren zu und ist fast unglaublich: Der sportliche, trittsichere Einheimische war mit seinen Bergwachtkameraden oberhalb der steil abfallenden Gießenbachklamm im Einsatz, um einen in Not geratenen Urlauber zu bergen. Doch auf dem Rückweg rutschte er auf dem felsigen Steig unglücklich aus und stürzte in die tiefe Klamm hinunter. Eigentlich todgeweiht, wurde er wie von einer unsichtbaren Hand ergriffen und festgehalten: Der weit und breit einzige, direkt am Felsen wachsende Haselnussstrauch hatte ihn aufgefangen. Der Strauch wickelte ihn so fest und sicher ein, dass die Kameraden nach dem Abseilen große Mühe hatten, ihn aus der Umklammerung der Zweige zu lösen. Doch bis auf ein paar kleine Kratzer blieb der junge Mann unversehrt. »Das war bestimmt die Mundl«, könnte man glauben. Der Zauber der einsamen Fee wirkt bis heute.

Geheimtipps von Lena & Henny

Entdeckt ihr die riesigen, runden Steine kurz vor der ersten Gießenbach-Brücke? Es handelt sich um Mühlsteine der ehemaligen Pappenfabrik. Weil sich für das Zermahlen der 2 Meter langen Fichtenholzprügel nur ein ganz besonders hartes Urgestein namens Larvikit eignete, mussten die tonnenschweren Mühlsteine aus den Steinbrüchen von Porsgrunn aus Südnorwegen fast 1500 Kilometer weit mit Schiff und Bahn bis nach Oberau transportiert werden. Ein Jahr lang hielten sie durch – dann waren sie abgenutzt und wurden ans Bachufer gestellt. Keine steilen Abgründe, keine reißende Strömung: Das schattige Gießenbachtal ist vor allem im Hochsommer ein wunderbares Spielrevier an heißen Nachmittagen. Die Fülle an Alpenblumen von Anemone bis zum Woll-Ziest ist beachtlich. Und wenn man sich wirklich ganz leise verhält, kann man auch mal ein Reh entdecken. Wann immer Henny Schübel eine Kindergruppe zur Mundl führt, regt sie diese zum Basteln kleiner Kunstwerke am Ufer des Gießenbach an. »Ganz egal, ob es ein Laubgesteck ist, ein Rindenschifferl oder ein Steinmandl. Das freut die Mundl garantiert!« Wasser ist Leben und der magische Platz der Mundl ist wunderbar geeignet für eine kleine Meditation …

Zen für Zwerge: eine Huldigung an die Quellfee am Wegesrand

Geheimtipp von Henny

Der 1 ½-stündige Kirchbichl-Rundweg rund um die Oberauer St. Georgs-Kapelle ist eine schöne »Fleißaufgabe« für größere Kinder (und natürlich Eltern), die nach ihrem Besuch bei der Mundl noch Muskelschmalz übrighaben. Dieser Rundweg beginnt am Kirchenparkplatz. Wenn man sich rechts hält, gewinnt man über den sogenannten Schwarzen Weg am schnellsten an Höhe. An der Stelle, wo er seine Steigung verliert und den Kirchbichl-Kammrücken erreicht, führt ein kleines, unscheinbares Wegerl nach rechts zu einem besonders exponierten Aussichtsfelsen mit einem 100 Jahre alten, großen Holzkreuz. Dieses Kreuz wurde in der wirtschaftlich schlechten Zeit der 1920er-Jahre aufgestellt und ist seither als das »Arbeitslosenkreuz« bekannt. Setzt euch auf die Bank darunter und genießt den Blick über die »Schöne Au« und den Taleinschnitt zum Kienbergpass.

AUSFLUG 13

Tanz mit den Geistern um den Oberauer Opferplatz

Ein erst knackig-steiler, dann abwechslungsreicher Weg durch den verwunschenen Laubwald. »Sieben-Bankerl-Weg« heißt die Strecke zum Heldenkreuz und darüber hinaus bis zum wunderschönen Loisachblick. Die magische Zahl Sieben taucht hier genauso auf wie auf der gegenüberliegenden Talseite bei den Sieben Quellen. Aber sind es wirklich sieben Bankerl? Und was haben der Bandltanz, die drei Burgfräulein und die Quellfee Mundl damit zu tun?

Tour: Schwierigkeitsgrad mittel, nur kraxentauglich (steil, wurzelig)

Route: Volkstrachtenheim Oberau – Heldenkreuz – Loisachblick – zurück (beim Heldenkreuz Abzweigung durch das Katzental nach Eschenlohe möglich)

Länge / Dauer: Für den Rundweg Heldenkreuz sind 2 Stunden reine Gehzeit veranschlagt: schon für Erwachsene relativ sportlich. Kleine Kinder dürfen stolz sein, wenn sie es in einer Stunde bis zum Loisachblick geschafft haben. Der Weg ist abwechslungsreich genug, um ihn dann einfach wieder zurückzugehen.

Wo parken / ÖPNV: Rund um das Schwimmbad Oberau sollte sich ein Stellplatz finden. Von dort aus den Uferweg am Gießenbach entlang bis zum Volkstrachtenheim nehmen – weil der Uferweg gar so schön ist, darf man gerne auch etwas weiter westlich parken und früher einsteigen.[44]

Sagenspaziergang

Der romantische Mühlberg, der Sonnenberg, wird auch als das Herz von Oberau bezeichnet. Trachtenheim und Schwimmbad liegen hier nicht ohne Grund nebeneinander: Es ist einfach der Platz, wo man Tradition und gute Gemeinschaft feiert. Von den drei Oberauer Kultplätzen – neben dem Quellheiligtum in der Gießenbachklamm und dem Drachenplatz St. Georg – ist der Brandopferplatz am Mühlberg nicht nur der wichtigste, sondern auch noch der am leichtesten zu erreichende. Keine Angst, mit dem »Opfer« sind nicht die wackeren Wandersleute gemeint, die es bis hier herauf geschafft haben. Bei so einer Aussicht muss sich wirklich niemand als Opfer fühlen!

Grandioser Aussichtspunkt, über verwunschene Waldpfade zu erreichen: St. Georg

Im Gegenteil, vor dem wirklich machbaren Aufstieg zu den »Sieben Bankerln« empfiehlt sich noch eine kleine Extratour ins Oberauer »Kirchendreieck«: Über einen wunderbar schattigen Weg geht es in 5 Minuten hinauf zum Alten Friedhof mit der Kapelle St. Georg zum Drachenplatz der Göttin Ainbeth, der genau gegenüber dem Lichtplatz der

44 Mit ausdrücklicher Erlaubnis der Geschäftsführung dürfen Leser dieses Buches auch auf den Parkplatz der Gärtnerei Fink in der Triftstraße ausweichen!

Wilbeth bei den Sieben Bankerln liegt. Die gute Atmosphäre dieses prähistorischen Weiheplatzes spürt man besonders im Inneren, wo die positive Energie noch durch die harmonische barocke Ausstattung verstärkt wird. Zuerst 1315 urkundlich erwähnt, war die Kapelle ursprünglich spätgotisch, wurde ab 1660 vergrößert und am 22. Juni 1664 neu geweiht.[45] Aber St. Georg ist noch mehr als nur ein hübsches Kirchlein: und zwar eine Burgkirche, der letzte Rest der »Burg der Auer«. Dass es diese Burg gegeben haben muss, daran besteht aus mehreren Gründen kein Zweifel. Bei der Altarplatte von St. Georg handelt es sich eigentlich um einen karolingischen Grabstein aus dem 9. Jahrhundert. Solch prächtige Grabsteine waren Adeligen vorbehalten – und die müssen ja irgendwo gelebt haben. Das über der Kirche liegende Plateau, auf dem der Burg- oder Wohnturm der »Auer« gestanden haben könnte, ist immer noch über ein kleines Steigerl an der Rückseite des Friedhofs und über den längeren sogenannten Schwarzen Weg zu erreichen. Da alles dicht mit Bäumen bewachsen ist, kann man den alten Burgstandort nur erahnen. Strategisch wäre es aber natürlich ein idealer Platz gewesen, mit ausgezeichneter Sichtachse zur vorbeiführenden Rottstraße Augsburg–Venedig und dem Osterfeuerkopf in Eschenlohe. Nach dem Burgenforscher Joachim Zeune sind die Burgen an der Via Raetia in dieser Zeit oft in ganz ähnlicher Weise angelegt worden und zwar meist sogar auf drei Ebenen: Oben war es am sichersten, dort befand sich der Wohn- oder Wehrturm. Auf dem mittleren Plateau befanden sich der Wohnbereich und die Vorratskammern. Ganz unten, meist der Bereich mit der größten Fläche, gab es Stallungen, Werkstätten, Scheunen … oder eben Platz für Streitereien aller Art.

---

[45] Die Kirchenglocke von St. Georg wurde um 1300 gegossen, also noch vor der Gründung von Kloster Ettal! Besonders wertvoll ist auch das vom berühmten Oberammergauer Lüftlmaler Franz Seraph Zwinck gemalte Deckenfresko »Jakobs Traum von der Himmelsleiter«.

Der Bruderkampf

Einst befand sich am Ortsrand von Oberau das alte Gasthaus Untermberg, in dem sich die Fuhrleute vor der beschwerlichen Weiterreise nach Ettal stärken und ihre Pferde ausruhen konnten. Wieder einmal saßen eine Menge Mannsbilder bei Bier und Kartenspiel zusammen, als es draußen im Stall plötzlich einen Tumult gab. Wiehern und Hufgetrappel erklang, so dass sich ein junger, kräftiger Fuhrmann aufmachte, bei den Pferden nach dem Rechten zu sehen. Draußen aber, im schwachen Mondlicht, traf er zwei großgewachsene Ritter in voller Rüstung. Die beiden bekämpften sich auf Leben und Tod, hieben mit ihren beidhändig geführten Schwertern erbarmungslos aufeinander ein, dass die Funken stoben. Und doch war bei dem Zweikampf kein Laut zu hören. Verwirrt rief der Fuhrmann »Hee! Was tut ihr denn?!« Da hörten die beiden Ritter auf zu kämpfen, wandten sich ihm zu und klappten ihre Visiere nach oben: Aus den prachtvollen Helmen starrten nackte Totenschädel. Voller Entsetzen flüchtete der junge Fuhrmann in die Wirtsstube und berichtete von dem Grauen, das draußen vor sich ging. Die anderen Gäste sprangen auf, bewaffneten sich so gut sie konnten und stürmten als Gruppe hinaus – doch von den beiden kämpfenden Rittern war keine Spur mehr zu finden. Die Fuhrleute kehrten zu ihren Karten und Bierkrügen zurück und fingen an, den mutigen Jungen zu verlachen. Er war wohl betrunken, er hatte sie bestimmt auf den Arm nehmen wollen mit seiner Schaudergeschichte! Da allerdings erhob sich am hinteren Ende der Wirtsstube, ganz nah am dunklen, rußigen Kachelofen, ein verhutzeltes altes Männlein mit einem langen weißen Bart. Niemand hatte es bisher bemerkt, so still und in sich gekehrt hatte es dort gesessen und das Geschehen betrachtet. »Der Bursche hat schon Recht«, rief es mit erhobenem Zeigefinger.

»Ich bin nun schon fast hundert Jahre alt und kann das bezeugen! Denn früher einmal stand an der Stelle der St. Georgs-Kapelle ein Schloss. Der reiche, gutmütige Schlossherr war sehr stolz auf seine beiden Söhne, doch als er auf einem Kreuzzug starb, begann sofort ein großer Streit um das Erbe. Die Brüder konnten sich einfach nicht einigen und erschlugen sich schließlich gegenseitig im Kampf. Weil ein altes Weib sie verflucht hatte, müssen sie ihren unheiligen Bruderkrieg nun bis in die Ewigkeit austragen.«

(Nach Anton Jocher)

An dieser Geschichte zeigt sich wieder einmal die Bedeutung von Sagen als Sachtext, als einer Art urtümlicher Polizeibericht. Denn als man bei der letzten Renovierung der St. Georgs-Kapelle im Jahr 1984 den Boden ausbesserte, fand man im Bereich vor dem Altar menschliche Gebeine. Darunter einen Schädel mit einem großen Loch von einer Schwertverletzung. Die Knochen wurden um das Jahr 1300 datiert und stammen wohl von den adeligen Auern, weil nur Angehörige von Adel oder Klerus in der Kirche beigesetzt werden durften. Auf diese Bestattung könnten auch die beiden übereinander gelegten Kreuze hinweisen, die in die damals noch als Grabstein genutzte Altarplatte geritzt wurden. Gut möglich also, dass es sich bei diesen Gebeinen tatsächlich um die sagenhaften Ritterbrüder der verlorenen Oberauer Burg handelt …[46]

Das Steigerl hinauf zu den »Sieben Bankerln« beginnt gleich rechts neben dem Trachtenheim. Man taucht sofort in das geheimnisvolle Dunkel dieses uralten Föhrenwaldes ein und gewinnt auf dem verschwiegenen, schmalen Pfad schnell an Höhe. Schon bei

[46] Wie auch bei den Grafen zu Hammersbach sind hier keine lebenden Nachfahren bekannt. Die Erwähnung des Kreuzzugs, in dem der Burgherr fiel, datiert die Geschehnisse grob auf das 13. Jahrhundert.

der dritten Bank haben wir unser Zwischenziel erreicht: ein kleines Plateau, von dem man einen erhebenden Ausblick über Oberau, hinüber zum St. Georgs-Kircherl und über den Kirchbichl bis hin zur Alpspitze hat. Wir stehen genau auf dem uralten Brandopferplatz! Vor dem Bau des Trachtenheims wurden hier die traditionellen Frühlingstänze aufgeführt.[47]

»Schon meine Grundschullehrerin Frau Hamberger hat uns Kindern erzählt, dass dies ein heiliger Platz ist«, erzählt Henny Schübel. Was genau die alten Alpenbewohner an solchen Orten geopfert haben, kann man anhand von archäologischen Ausgrabungen am Oberammergauer Döttenbichl oder dem Farchanter Spielleiten Köpfl gut nachvollziehen – hier wurde allerdings bislang noch nicht gegraben. Doch allein die Sage von den drei Burgfräulein sollte als mündlicher Nachweis genügen. Zusammen mit dem freien Blick zum Wetterstein, auf die dreieckige Alpspitze und den »Drachenplatz« St. Georgs-Kircherl liegt die Bedeutung als Lichtopferplatz zu Ehren der Göttin Wilbeth (Katharina) sehr nahe. Besonders mystisch ist dieser Platz bei Sonnenaufgang, wenn die ersten Sonnenstrahlen die Alpspitze erleuchten. Weil das für kleine Langschläfer natürlich etwas schwierig zu bewerkstelligen ist, bietet sich auch der frühe Sommerabend an: Von hier aus ist das magische rote Licht des sogenannten Alpenglühens gleichzeitig auf Estergebirge und Wettersteinmassiv zu sehen. Zu lange sollte man in dieser Gegend allerdings nicht unterwegs sein, denn zu beiden Seiten von Oberau ist es schon zu gruseligen nächtlichen Begegnungen gekommen. Hier auf dem Opferplatz wie auch drüben am Alten Friedhof könnten die drei Burgfräulein mit ihrem schwarzen Geisterpudel unterwegs sein. Eigentlich wären Burgfräulein samt Schatz ja nur ein zusätzlicher Beweis für die Existenz der Oberauer Burg – hätten diese Damen nicht explizit noch einen furchterregenden schwarzen

---

[47] Beim sogenannten Bandltanz werden von jungen Maderln und Burschen bunte Bänder um einen (Mai-)Baum geflochten: Das symbolisiert den Kreislauf des Lebens.

Hund mit feurigen Augen im Gespann. Denn genau dieser »Schwarze Hund« ist der untrügliche Hinweis darauf, wer sich eigentlich hinter den drei Burgfräulein verbirgt. Sagen von »Drei Frauen mit schwarzem Hund«, der aber in Wirklichkeit ein Drache sein soll, sind in unserer Alpenregion so häufig (über 500 sind überliefert), dass wir von einem wahren Gewimmel der Göttinnen sprechen können!

Der Schatz von Oberau

Früher hat man in der Nähe des Dorfes drei eigenartige, unwirklich erscheinende Frauengestalten erblickt. Meistens wurden sie zwischen 3 und 4 Uhr nachts gesehen. Die Schönste von ihnen hatte immer einen Schlüsselbund bei sich. Begleitet werden die drei Frauen von einem riesigen schwarzen Pudel mit unheimlich glühenden Augen. Wer wissen will, wo der Schatz liegt, braucht nur die Frauen zu fragen. Bisher hat sich aber niemand fragen trauen, weil alle Angst vor dem Höllenhund hatten …

(Aus der Dorfchronik »Das goldene Au«
von Prof. Heinz Schelle)

Puh! Gut, dass wir tagsüber unterwegs sind. Ein knapper Kilometer durch den lichten Buchenwald ist es noch bis zu unserem eigentlichen Ziel, dem kleinen Hütterl am sogenannten Loisachblick. Der Weg dorthin ist kaum mehr als ein Trampelpfad, aber bestens in Schuss gehalten und dermaßen top markiert, dass sich nicht mal der größte Orientierungsmuffel verlaufen kann. Dicke blaue Farb-

Hier kommt keine Langeweile auf: Der Sieben-Bankerl-Weg

kreise mit weißem Kern sind an die Bäume gemalt. Aber weil so viele Wurzeln über den Weg wachsen, ist das scheinbar auch nötig, denn es könnte doch zu leicht auch eine Irrwurzel dabei sein!

Was für ein Service: Sogar ein extra Kindergipfelbuch samt gut sortiertem Stiftemapperl gibt es hier! Bitte denkt daran, hinterher wieder alles brav in den »Briefkasten« an der Seite des Hütterls zu stecken, damit sich noch viele andere Wanderer eintragen können. Auf dem Rückweg bietet sich eine Extratour durch das Katzental an, um auf der angenehm kurvigen Forststraße durch den Wald bis nach Eschenlohe zu wandern (insgesamt 6 Kilometer, dort Bus/Bahn nehmen). Dazu einfach der Abzweigung auf Höhe des dritten Bankerls folgen. Das Katzental öffnet sich nach 2 ½ Kilometern zu weiten Wiesen mit einem großen, einsamen Gehöft: Es ist der Höllensteinhof am Fuße des namensgebenden Höllensteins. Doch keine Sorge, hier schwingt niemand beim Anblick harmloser Wanderer den Dreizack.[48] Vielmehr hat diese Felswand ihren Namen vom Kalkstein, der in Vollmondnächten geradezu blendend weiß strahlt – der »helle« Stein eben. Ganz genauso wie beim Höllental und vielen ähnlichen Ortsnamen hat hier eine kleine Lautverschiebung im Mittelalter Großes, ja in diesem Fall geradezu Unterirdisches bewirkt. Man kann natürlich auch

---

48 Ganz im Gegenteil! Die Familie Schönach betreibt nicht nur eine Vorzeigelandwirtschaft mit Kühen, Pferden, Hühnern und Schafen, sondern auch mehrere Ferienwohnungen. Nach Verfügbarkeit kann man dort eigene Produkte frisch ab Hof erwerben.

einfach denselben Weg wieder zurückgehen und dabei noch mal gründlich die Bankerl zählen: Sind es wirklich sieben? Und welche gefällt euch am besten?

Geheimtipp von Lena

Meine absolute Lieblingsbank ist die aus unbehandelten Birkenstämmen. So eine hätte ich auch gerne auf meinem Balkon! Findet ihr sie?

Ein bisserl wackelig vielleicht, aber für Zwerge genau richtig: Lenas Lieblingsbank.

Geheimtipp von Henny

Zu wenig zu Trinken mitgenommen? Die Sonne knallt vom Himmel, aber die Getränkeflasche war undicht? Solltet ihr jemals auf einer eurer Touren Durst haben und weit und breit ist keine Einkaufsmöglichkeit vorhanden, dann geht doch einfach auf den Friedhof! Ja tatsächlich: Nach deutschem Recht ist es Vorschrift, dass das Brunnenwasser auf Friedhöfen immer Trinkwasserqualität haben muss. Pilger wissen dies und nutzen auf ihren langen Wegstrecken quer durch Deutschland die Friedhöfe gerne zum »Auftanken«.

AUSFLUG 14

Ötzis Wohnzimmer in der »Schwarzen Brüllklamm«

Schwarze Brüllklamm? Ja, die Asamklamm bei Eschenlohe heißt bei den Einheimischen wirklich so. Der Name kommt von den dunklen Flechten und Blaualgen, die auf den steilen Steinwänden wachsen und schwarz glänzen, wenn sie nass sind. Brüllen kann die Klamm auch: im März und April, wenn zur Schneeschmelze die Wassermassen vom Estergebirge hier hindurchrauschen. Den Rest des Jahres aber ist die kiesige Klamm zumeist gut zu Fuß erkundbar, weil das Wasser unterirdisch dahinströmt.

Tour: Schwierigkeitsgrad mittel, bedingt kinderwagentauglich

Route: Eschenlohe, Ortszentrum – Loisachbrücke – Asamklammstraße – Eschenlainetal – Archtalschlucht

Länge / Dauer: 1,4 Kilometer vom Bahnhof zur Klamm, Rundweg durch den Ort möglich. Kaum Steigung, aber teilweise Weidezäune und rutschige Steinplatten zu überwinden.

Wo parken / ÖPNV: Dorfzentrum beziehungsweise Bahnhof Eschenlohe. Vom Wanderparkplatz Kuhalm steigt man direkt »ins Grüne« ein – den Weg vom Ortszentrum über die Loisachbrücke und die

Ausläufer von Eschenlohe bis hinein in die Kuh- und Pferdeweiden sollte man sich aber nicht entgehen lassen.

Sagenspaziergang

Kostet nix, ist nur einen Katzensprung vom Parkplatz entfernt und bis 100 Meter vor dem Ziel sogar mit dem Kinderwagen zu erreichen: Man kann die Vorzüge der Asamklamm gar nicht genug loben! Das soll allerdings nicht heißen, dass es sich bei dieser Tour um eine Husch-Husch-Aktion handelt. Speziell das nordöstliche Ende des Estergebirges, zwischen dessen Ausläufern Osterfeuerkopf und Zwölferköpfl sich die Klamm befindet, quillt vor lohnenswerten Zielen geradezu über. Wer mag und entsprechend ausgerüstet ist, nimmt die Asamklamm einfach als willkommenes Zwischenziel auf dem Weg zu weiteren voralpinen Highlights wie dem Krottenkopf mit der Weilheimer Hütte oder der (ebenfalls sagenumwobenen) Teufelskapelle.[49]

Und die Asamklamm ist auch nicht alleine. Nur eine klitzekleine Felsnase weiter, kaum 500 Meter südöstlich, liegt die Archtalschlucht. Noch weniger besucht, fast genauso spektakulär, doch nicht durch einen offiziellen Wanderweg erschlossen. Kleine Wurzelzwerge, Schlammspritzer und Kieskobolde wird das nicht abschrecken. Vor allem, da sie auf dieser Tour keinen langen Geduldsfaden haben müssen: Unterwegs zu den unbekannten kleinen Schwestern der Partnachklamm finden wir rasch Gelegenheit, ganz tief in die spannende Ortsgeschichte von Eschenlohe einzutauchen.

Am besten ist es, wir beginnen gleich am Dorfplatz mit dem Kriegerdenkmal neben der barocken Kirche St. Clemens.[50] Wenn

---

[49] Der »Kirchgang« zu dieser natürlichen Steinformation ist nur für ausgefuchste Kletterfritzen möglich. Doch die namensgebende Kapellenform kann man vom Tal aus sowieso besser erkennen.

[50] Im Ortszentrum kann man sich bei der Bäckerei Luidl oder dem kleinen Edeka-Markt auch noch gut mit Wanderproviant eindecken.

wir von hier aus die Garmischer Straße Richtung Loisach hinunterschlendern, kommen wir an verschiedenen, teilweise uralten Bauernhäusern und liebevoll angelegten Bauerngärten vorbei. Eines der ältesten Gebäude dürfte wohl der Gasthof zur Brücke sein, dessen Grundmauern auf schon fast 400 Jahre Geschichte zurückblicken können.

Doch das Haus, von dem aus die bekannteste und dramatischste Geschichte der ganzen Umgebung ihren Ursprung nahm, werden wir nicht mehr finden: Es ist der längst abgerissene Mair-Hof. Hier arbeitete im Jahr 1633 ein Knecht namens Kaspar Schisler. Er mochte seine Stelle und war tüchtig, aber er sehnte sich nach seiner Familie in Oberammergau. Allerdings wütete im Loisachtal gerade die schlimmste Seuche, die Schwarze Pest. Der Weg ins abgelegene Oberammergau war daher strengstens verboten. Sogenannte Pestwachen standen an allen Ortseingängen und sorgten dafür, dass niemand hereinkam und die Dorfbewohner mit der tödlichen Seuche anstecken konnte. Sie hatten sogar ein Pestfeuer angezündet, das alle Reisenden warnte: *Bleibt fort, hier ist die Pest!* Das stimmte zwar gar nicht, doch so waren die Oberammergauer bisher noch verschont geblieben.

Dies alles wusste natürlich auch Kaspar Schisler, aber sein Heimweh war einfach zu groß. Am Kirchweihtag machte er sich heimlich davon, schlich über einen schmalen Pfad an den Wachen vorbei zu seiner Frau und seinen Kindern. Sie feierten das Kirchweihfest zusammen, doch bereits am Montag danach war Kaspar Schisler tot. Ohne es zu wollen, hatte er durch seine Sehnsucht die Pest in seine Heimat gebracht. In den Wochen danach starben weitere 84 Menschen, bis die Oberammergauer ein Versprechen gegenüber Gott ablegten: Wenn die Pest nur aufhört, werden wir alle zehn Jahre ein großes Spiel vom Leiden Jesu aufführen! Es funktionierte. Von diesem Moment an starb in Oberammergau niemand mehr an der Pest. Die Passionsspiele ziehen seither Millionen Menschen aus der ganzen Welt an und tragen immer noch dazu bei, uns die Kostbarkeit des Lebens zu vergegenwärtigen.[51]

Doch jetzt stehen wir auch schon vor der neuen Loisachbrücke. Brücken sind oft mit Gründungsmythen, Sagen von Grenzstreitereien oder magischen Schwellen in andere Welten verbunden. Dafür ist diese hier zu jung, sie wurde erst 2006 im Zuge der Uferbefestigung neu gebaut (1999 und 2005 wurde Eschenlohe nämlich von schweren Hochwassern schlimm überflutet). Auch über die Vorgängerbrücke aus Stahlbeton kamen vermutlich keine Sagengestalten mehr. Doch auf der Holzbrücke davor, als das Austreiben der Winterdämonen bei uralten Ritualen noch wörtlich genommen wurde, war das noch ganz anders …

Eschenlohe (St. Clemens und Loisach) vom Burgplatz aus gesehen

---

51 Auf den Spuren der Pest kann man übrigens heute noch nach Oberammergau wandern: Der Kaspar-Schisler-Weg beginnt am Kriegerdenkmal. Mit gut 13 Kilometern und 550 Höhenmetern ist diese Wanderung aber einen Extraausflug wert.

Die echte Percht von Eschenlohe

Seit undenklichen Zeiten ist es in Eschenlohe Brauch, sich am Dreikönigstag am 6. Januar als »Percht« zu verkleiden. Dazu ziehen sich die jungen Burschen zerlumpte, zerrissene Kleider an und stülpen sich einen alten Rupfensack mit Löchern für Mund und Augen über den Kopf. Um besonders gefährlich auszusehen, wickeln sie sich auch noch rostige Ketten um den Leib und fuchteln mit Besen, Mistgabeln oder Schürhaken. So gehen sie von Haus zu Haus, klopfen an die Türen und fordern mit verstellter Stimme Leckereien wie Äpfel, Schmalznudeln oder Lebkuchen. Auch um das Jahr 1850 herum waren wieder drei Freunde unterwegs beim »Perchtengehen«. Sie hatten eine Mordsgaudi beim Kinder erschrecken gehabt. Auch der mitgeführte Gabensack war schon ziemlich voll mit guten Sachen, als es langsam dunkel wurde. Wie jedermann in den Alpen weiß, sollte man um diese Zeit bei Anbruch der Dämmerung lieber zu Hause sein – vor allem am Dreikönigstag, wenn die letzte und mächtigste der zwölf Rauhnächte bevorsteht. Doch die drei Freunde waren gierig, wollten noch schnell dem letzten Haus am anderen Ende von Eschenlohe einen Besuch abstatten. »Wir beeilen uns halt, wird schon nix passieren«, beruhigten sie sich gegenseitig und lachten. Doch damit sollten sie nicht recht behalten. Fast am letzten Haus angekommen, mussten sie plötzlich zu ihrem Entsetzen feststellen: Wir sind einer mehr! Unbemerkt hatte sich ihnen eine vierte Percht dazugesellt, die einfach mit ihnen mitging, als ob sie dazu gehörte. Weil die Gestalt genauso gekleidet war wie sie selber, konnte bald niemand mehr sagen, wer Freund und wer Feind war. Halb wahnsinnig vor Angst, warfen die drei Freunde ihre Ketten, den Schürhaken, den Besen und sogar den vollen Gabensack von sich und rannten Hals über Kopf nach Hause.

Das Perchtengehen in den folgenden Jahren fand freilich ohne diese armen Burschen statt.

(Eigene Fassung nach Schinzel-Penth)

Von den verschiedenen Rauhnachts- und Faschingsbräuchen der Region ist das Eschenloher Perchtengehen eine besonders urtümliche und eigenständige Variante. Die Maschkara, die sich hauptamtlich ums Vertreiben des Winters kümmern, beziehen ihre Vorbilder, Symbole, Traditionen und Denkmuster aus unterschiedlichen vorchristlichen Epochen. In der Jungsteinzeit zum Beispiel verkleideten sich die Jäger in glücksbringenden Ritualen als Hirsche, um sich sozusagen in die Gedankenwelt ihrer Opfer hineinzufühlen und das mächtige Tier bezwingen zu können. Im Schamanismus verschiedenster Naturvölker ist dieser Gedanke ebenfalls zu Hause. In der Maskierung als Schreckgestalt fühlt man sich selbst sicherer, das Kostüm verleiht Kraft. Bei der oft mitgeführten Haba-Goaß[52] (Habergeiß) der Eschenloher jedoch handelt es sich um germanisches Erbe. Odin beziehungsweise Wodan von der Wilden Jagd haben sie im Oberland hinterlassen. Die Haba-Goaß ist ursprünglich einer der schwarzen Böcke, die Odins Himmelswagen ziehen. In Schweden kennt man ihn als Jul-Bock – und hier ist die Haba-Goaß ein untrüglicher Hinweis darauf, dass Kriegsgott Wodan immer noch einen Zweitwohnsitz im Zugspitz-Land besitzt. Wo genau? Das verraten wir später!

Jetzt also hurtig weiter, damit wir vor Einbruch der Dämmerung wieder zurück sind! Von der Loisachbrücke aus folgen wir der Krottenkopfstraße, von der nach 100 Metern die Asamklammstraße abzweigt. Damit ist eigentlich schon alles erklärt: Bei trockener Wit-

---

52 Eine Art Wolpertinger-Dämon mit Pferdefüßen oder Vogelkörper, jedoch immer mit Ziegenschädel und schrecklich anzuschauen.

terung kann man einfach das breite Kiesbett der Eschenlaine bis zur Klamm hinaufstiefeln. Das dichte Netz von Wanderwegerln rund um die Schlucht ist gut beschildert und hinter dem schroffen »Eingangstor« Asamklamm geht es überaus malerisch weiter. Vor allem im Hochsommer ist das Eschenlainetal ein Traum: in sanften Kurven durch den Wald am dahinplätschernden Bach entlang. Jede kleine Gumpe, jede schattige Kiesbank schöner als die andere. Perfekter Wasserspaß für Groß und Klein. Bloß auf guten Mückenschutz sollte man achten, denn den Blutsaugern gefällt es hier auch ganz ausgezeichnet. Bis zum ca. 2 Kilometer vom Eingang der Asamklamm entfernten kleinen Stausee »Am Juchzer« bei der Engstelle Gachentodklamm (Klamm des zähen, steilen Todes – keine Sorge, das gilt nur für die darüber weidenden Tiere) kann die Forststraße sogar mit Kinderwagen befahren werden.[53]

Auf den Spuren von Obelix: der »Menhir« von Eschenlohe

Nanu, war Obelix hier? Auf dem Gelände des Alpenhotels »Wengerer« steht gleich neben dem Gästeparkplatz dieser bemerkenswerte Findling. Die Rillen und Einkerbungen sind ein wenig zu gleichmäßig, um rein natürlichen Ursprungs zu sein. Ein uralter Kultstein? Auf jeden Fall noch heute kultig in Ehren, wie das Kruzifix und die gepflegte Einzäunung verraten.

Doppelt gemoppelt: In verschie-

53 Nördlich des Eschenlainetals, nur einen guten Kilometer Luftlinie von der Dorfgrenze, liegt übrigens ein waschechtes kleines Schloss: das Gut Wengwies. Es ist allerdings in Privatbesitz und kann nur aus der Ferne bewundert werden.

denen Karten finden sich abwechselnd die Bezeichnungen Asamklamm und Asamschlucht. Je näher man dem Ziel dann tatsächlich kommt, desto deutlicher wird die Beschilderung. Auf den letzten, neuesten Wegweisern steht kurzerhand Asamklammschlucht. Wem es in der Asamklamm noch nicht einsam genug ist, kann die lange, steile Treppe am rechten hinteren Klammausgang erklimmen. (Achtung, nur für trittfeste Wandersleute. Bei Nässe und mit feuchtem Laub wirklich gefährlich!)

Vom oberen Ende der Klamm führt eine Forststraße in einer Viertelstunde hinüber zur weiter südöstlich gelegenen Archtalschluch. (Sie hat ihren Namen von den sogenannten Archen, wie sie in der Region seit 1750 als Hochwasserschutz gebaut wurden. Hierfür schüttete man Flussböschungen mit Schotter und Bruchsteinen auf.) Heute ist die Archtalschlucht ein gigantischer, menschenleerer Naturspielplatz aus Kieselgeröll und Schwemmholz, der schon am frühen Nachmittag im Schatten liegt.

Geheimtipp von Lena

Im Sommer 2016 wurde hier der Film »Der Mann aus dem Eis« mit dem bekannten Schauspieler Jürgen Vogel in der Hauptrolle gedreht. Die Asamklamm diente dabei als Kulisse für die Wohnhöhle seiner Steinzeitfamilie. (Bitte nicht mit kleinen Kindern anschauen, der Film ist schrecklich traurig und geht bekanntermaßen auch nicht gut aus.) Aber ganz bestimmt lässt sich in der Klamm auch heute noch prima Steinzeitfamilie spielen. Vielleicht findet ihr ja sogar Ötzis Wohnzimmer! Oder ein Stückerl von der Arche Noah …

Rechts: Die »Schwarze Brüllklamm«: Asamschlucht in voller Pracht

AUSFLUG 15

Über Sieben Quellen musst du gehen …

Zum Abschluss unserer Touren besuchen wir ausnahmsweise keine Zwerge, sondern eine rätische Göttin. Bei einem steinernen Riesen schauen wir auch noch vorbei. Doch dieser Spaziergang durch das Naturschutzgebiet der Sieben Quellen ist (bis auf den Abstecher zur ehemaligen Burg Falkenstein) wirklich absolut barrierefrei. Nur für trockene Füße können wir nicht garantieren. Bitte lieber auf dem Weg bleiben.

Tour: Schwierigkeitsgrad einfach, weitestgehend kinderwagentauglich

Route: St. Clemens – Vestbichl mit St. Nikolaus – Loisachbrücke – Mühlstraße – Römerstraße – Naturschutzgebiet Sieben Quellen

Länge / Dauer: Von der äußerst sehenswerten Basilika St. Clemens im Ortszentrum bis zur Burg Falkenstein oder zum Hauptquellteich der Sieben Quellen sind es 2 Kilometer einfach. Je nach angestrebtem Erschöpfungsgrad der Begleiter kann man noch eine beliebige Strecke auf dem idyllischen Radwanderweg am Waldsaum des Estergebirges Richtung Oberau anhängen.

Wo parken / ÖPNV: Das kleine, feine Dorf Eschenlohe mit seinen

1500 Einwohnern hat viele kleine, feine Stellflächen, die bei gutem Wetter schnell voll sind. Außer auf den beiden Wanderparkplätzen Kuhalm und Walchenseestraße gibt es noch Parkmöglichkeiten am Bahnhof, am Dorfplatz, an der Garmischer Straße, am Kalvarienberg, Mühlstraße und beim Riederer Sportplatz.

Sagenspaziergang

Eschenlohe, eine der ältesten Siedlungen im Zugspitz-Land, hat mit seiner Burg der Grafen von Eschenlohe schon im 11. Jahrhundert den Eingang zum Loisachtal beherrscht. Doch das große Alpentor birgt auch ein unterirdisches, geologisches Geheimnis: Gleich am Gebirgsrand des Ammergebirges (entlang der Linie Tunnelausgang – Dorfmitte – Osterfeuerkopf) verläuft die Naht zweier Kontinente. Genau hier schlüpft die afrikanische Platte unter die europäische. Beim Verlassen des Zugspitz-Landes kommt man also – erdhistorisch betrachtet – erst im Murnauer Moos so wirklich in Europa an.

Fast genau an dieser tektonischen Plattennaht befindet sich am Talboden des Loisachtales eine unterirdische Gebirgsschwelle. Als der Loisach-Inn-Gletscher das Zugspitz-Land formte, schürfte der dicke Eispanzer das Tal ca. 400 Meter tief aus. Da die Kraft des Gletschers am Alpenrand aber schon nachließ, blieben die sehr harte Dolomitschicht und die Raiblerschichten am Talboden erhalten. Diese quer verlaufende Steinschwelle hält die Grundwasserströme auf wie eine unterirdische Staumauer. Die hier nach oben sprudelnden Sieben Quellen sind also keine Karstquellen, wie oft fälschlich behauptet, sondern werden durch den Grundwasserdruck der Loisach gespeist.

Um das Ganze mal von oben zu bewundern und den herrlichen Blick von Afrika nach Europa zu genießen, empfiehlt sich zu Beginn ein Abstecher auf den Vestbühl oder Vestbichl (»Festungshügel«), wo einst die Burg der Grafen von Eschenlohe thronte. Die Burg wurde um 1150 von einem »Werinher de Eccillohe« erbaut, stand aber

Bei den Sieben Quellen geht das offene Voralpenland ins Loisachtal über.

keine 200 Jahre. Das einst mächtige, mit den Grafen von Andechs verwandte Geschlecht derer von Eschenlohe starb mit dem kinderlosen Berthold III. bereits um 1300 aus. 1294 verkaufte Berthold, immerhin ein Großneffe des Bischofs von Augsburg, seinen gesamten Besitz. Dorf und Burg kamen an das Hochstift Freising. Ab 1332 bis 1803 war Eschenlohe sogar in Obhut des Ettaler Klosters und damit bereits lange vor Werdenfels bayerisch. Im Jahr 1628 ließ der Abt Ottmar den verfallenen Turm der Burg zur St. Nikolaus-Kapelle umbauen, die restlichen Ruinenreste wurden im Dorf »recycelt«.

Dazu geht es gleich hinter dem Bahnüberweg an der Garmischer Straße den Kalvarienberg hinauf.[54] Nach einem kurzen Anstieg, versüßt durch Aussichtsbankerl, erreichen wir den großen, gut mit Wall und Graben geschützten Burgbezirk. Genießen wir eine Weile den Weitblick über das Murnauer Moos mit seinen Köcheln

---

54 Man kann hier auch parken und dabei gleich die kleine Schwefelquelle direkt an der Straße besuchen: Ihre Qualität und der Mineralstoffgehalt sind sehr hoch. Leider aber reichte das Wasservolumen nicht für ein Heilbad oder gar für den Titel »Bad Eschenlohe« aus.

War mal ein Burgturm: die Kapelle St. Nikolaus im magischen Morgenlicht

(Moosbergen).[55] Die Aussicht nach Osten ist ebenfalls erhebend: Der Heimgarten-Gebirgsstock und das Estergebirge lenken den Blick durch die kleine Lücke über der Asamklamm Richtung Walchensee, zum Simetsberg. Gleich gegenüber wacht der Osterfeuerkopf: Auf ihm befand sich der wichtigste Feuersignalpunkt, um die Lichtsignale der Burg Lichteneck (auf der Aidlinger Höhe bei Riegsee) an die Werdenfelser Burg Katzenstein ins obere Tal weiterzugeben.

Vom frühen Mittelalter mit seiner ausgefuchsten »Fernmeldetechnik« müssen wir das Rad der Zeit jetzt nur noch weitere 1500 Jahre zurückdrehen, um in der Götterwelt der Bronzezeit anzukommen. Der Heilige Nikolaus, dem die Kirche hier oben gewidmet ist, wird

55 Allein auf der Hügelkette um Murnau herum standen einst vier weitere zum Burgenverband des Oberlands gehörende Wehranlagen.

gerne mit drei goldenen Nüssen dargestellt: ein Hinweis auf einen Drachenplatz der Ainbeth oder gar der weißen Alpengöttin Raetia. Dafür sprechen auch die Eschenloher Sagen über die Percht. Denn die Göttinnen Raetia und Noreia sind von den Kelten als Percht und von den Germanen dann als Frau Holle übernommen worden. Links des Inns werden jedoch kaum Sagen über sie erzählt. Eschenlohe bildet hier eine Ausnahme mit gleich mehreren Berichten über die Percht (auch Stampa genannt), und zwar sowohl in ihrer schönen als auch »schiachen« Erscheinungsform. Beispielsweise erscheint sie einigen Mägden, die das Verbot des Spinnens in der Rauhnacht missachten, und lässt als Strafe den Spinnrocken der raffgierigen Herrin in Flammen aufgehen. Dies wird auch im Film »Alpgeister« sehr eindrucksvoll dargestellt.

Leicht möglich, dass uns auch hier oben auf dem Vestbichl langsam die Sonne aufs Haupt brennt! Nachdem wir uns auf dem Burgstall mit genug drachenstarker Energie aufgeladen haben, steigen wir wieder ab ins Tal, um ein wenig zu »versumpfen«. Dank der guten Beschilderung ist der Weg zu den Sieben Quellen einfach zu finden. Wichtig ist nur, sich nach Süden in Richtung Zugspitze und links der Loisach zu halten, erst die Mühlstraße und dann weiter den Römerweg entlang. Wenn der breite Weg über die Wiesen zu Ende ist, kommt linker Hand eine kleine Hütte mit lustigem Namen: Die »Rutschbuckel-Hütte«. Im Winter dient sie als Bodenstation des Skilifts »An der Rieder«. Wer findet sie zuerst?

Sommers wie winters eine gute Adresse: die Eschenloher »Rutschbuckel-Hütte«

Ab hier geht es endlich los mit dem schattigen Pfrühlmoos, wo zwischen Baumriesen die ersten Quellteiche glitzern. Natürlich rankt sich auch eine schöne Sage um die Entstehung dieses Sumpfgebietes, das den Eingang des Loisachtals geradezu versperrt.

König Woadan und seine Tochter

Einst war die Gegend am Eingang des Loisachtals paradiesisch schön. Fruchtbares Ackerland erstreckte sich, soweit das Auge blickt. Die Menschen hatten ein gutes Auskommen von ihrem Land und waren zufrieden mit ihrem König Woadan, der über all das regierte. König Woadan besaß einen Zauberhammer, mit dem er nur an einen Berg zu klopfen brauchte, und schon gab dieser die herrlichsten Edelsteine und kostbarsten Mineralien frei. Eines Tages aber ging ein Werdenfelser Bauernbursch durch die Wälder, als er einer fremden jungen Frau begegnete. Sie trug Kleider, so fein wie aus Spinnweben-Seide, und ihr langes glänzendes Haar umfloss ein wunderschönes Gesicht. So eine Schönheit hatte der Bursche noch nie gesehen. Die kann nicht von hier sein, dachte er. Die muss sich wohl verlaufen haben! Er nahm all seinen Mut zusammen und bot ihr seine Hilfe an. Das liebliche Mädchen lachte und begleitete ihn ein Stück des Wegs. Sie unterhielten sich über dieses und jenes, und die Fremde war bald ganz begeistert von dem grundehrlichen, offenen Wesen des Burschen. »So einen netten Menschen wie dich habe ich noch nie getroffen«, gestand sie ihm. »Du gefällst mir wirklich gut! Übrigens bin ich nicht irgendwer, sondern die Tochter von König Woadan. Ich bin eine Fee, und ich möchte dich gern für immer bei mir haben. Wir werden glücklich sein und alles haben, was du dir vorstellen kannst. Komm mit mir auf das Schloss meines

Vaters und sei mein Mann!« Selbstverständlich war der Bauernbursche sehr geschmeichelt von diesem Angebot, doch er konnte es nicht annehmen. Er hatte nämlich in seinem Dorf schon eine Braut. Sie war vielleicht nicht ganz so schön und auch nicht so reich wie eine Fee, aber er liebte sie aufrichtig und hatte ihr die ewige Treue geschworen. Also sagte er der Fee ab. Er erklärte ihr, dass er doch nur ein armer, dummer Bauernbursche sei und überhaupt nicht zu so einer edlen Dame passen würde. Das hörte die verwöhnte Fee natürlich gar nicht gern. Noch nie hatte ihr jemand einen Wunsch abgeschlagen! Sie versuchte, ihn zu überreden, aber der Bursche blieb bei seinem Nein. Da regte sich die Fee fürchterlich auf, wurde knallrot im Gesicht, hob die Arme und stieß einen schrecklichen Fluch aus: Auf diesem Land sollte der Bursche mit seiner dummen Dorfdirne nicht glücklich werden! Da gluckerten ringsumher plötzlich Quellen aus dem Boden, die Bäche und Weiher traten über die Ufer. Wo gerade noch schönstes, trockenes Ackerland gelegen war, breitete sich jetzt ein großer See aus. Mit den Jahrhunderten wurde der See der beleidigten Fee dann zum moorigen Moos zwischen Eschenlohe und Murnau.

(Eigene, verkürzte Fassung nach Schinzel-Penth)

Bei König Woadan, vielleicht hat es schon jemand erraten, handelt es sich um niemand anderen als den Donnergott Wotan beziehungsweise Odin persönlich. Der Werdenfelser Bauernbursch hat es also mit dem höchsten nordischen Gott überhaupt aufgenommen – und dabei durchaus gepunktet. Denn herausgesprungen ist für ihn und all seine eventuellen Nachkommen ein Naturschutzgebiet, das seinesgleichen sucht.

Überhaupt ist es eine Besonderheit der Eschenloher Sagen, dass sie alle gut ausgehen. Egal, ob bei einem Perchtengang zu dritt plötzlich eine vierte – echte – Percht mitläuft (siehe Ausflug 14) oder die am Feiertag spinnenden Mägde auf den Besuch der strafenden »Frau Stampa« mit Geistesgegenwart reagieren: Alle Beteiligten kommen mit dem Schrecken davon und erhalten die Möglichkeit, ihr Verhalten nachhaltig zu überdenken.

Vielleicht liegt das an der einmaligen Lage Eschenlohes mit dem Besten aus zwei Welten. Das Dorf genießt sowohl den Schutz der Berge als auch die Weltzugewandtheit des offenen Alpenvorlands.

Eines der zahlreichen »Dinosauriergerippe« an den Sieben Quellen

Hier sind zwar keine Irrwurzeln bekannt, doch sollte man sich vor den Irrlichtern hüten. Denn wie in vielen Sumpfgebieten sollen auch hier des Nachts kleine Flammen herumgeistern, um Wanderer in die Irre zu führen.

Dieser Weg auf der südöstlichen Seite des Loisachtals, immer am Rande des Pfrühlmooses entlang, ist eine kleine Zeitreise für sich. Bis auf den einen oder anderen Sendemasten in der Ferne sieht man weit und breit keinerlei Spuren von Zivilisation. Man könnte fast meinen, gleich käme ein Rudel Velociraptoren vorbeigehüpft. Oder wer hat sonst diese ganzen Riesendinos gefressen, deren moosige Gerippe überall aus dem Sumpf ragen? Wenn es in den Alpen keine so strengen Winter gäbe, wäre die sumpfige Gegend rund um den Mühlbach bestimmt ein ideales Krokodilrevier. Aber auch so existieren hier ganz besondere Lebewesen. Zum Beispiel der Dunkle Wiesenknopf-Ameisenbläuling, ein hübscher braunblauer Schmetterling. Er ist zur Eiablage auf den Großen Wiesenknopf angewiesen, der nur in Sumpfwiesen wächst. Von dessen Blüten ernähren sich die Schmetterlingsraupen, bis sie zu Boden fallen und sich durch Aussehen und Geruch perfekt als Ameisenlarven tarnen: Die Ameisen schleppen den vermeintlich verlorenen Nachwuchs in ihre Nester. Obwohl die Bläulings-Raupen sich dort von den echten Ameiseneiern ernähren, werden sie von ihrer ahnungslosen Stieffamilie über den ganzen langen Winter verhätschelt. Weil die Räuber-Larven im Gegenzug einen leckeren, süßen Brei absondern, lassen sich die Ameisen das sogar ganz gerne gefallen. Nur nach dem Schlüpfen wird es für die Schmetterlinge knifflig, da ihre Tarnung im wahrsten Sinne des Wortes auffliegt. Jetzt müssen sie schnell aus dem Ameisenbau herauskriechen und davonfliegen.

Doch die spannenden Geschichten sind auf dem Talgrund noch lange nicht zu Ende erzählt. Schaut einmal Richtung Ammergebirge im Nordosten. Seht ihr den markanten Kalkzacken, der von dort ins Loisachtal herübergrüßt? Dieser »nackerte« Felsbrocken an der Seite des Bergs Laber ist das Ettaler Manndl und dazu gibt es eine prophetische Sage: In Wirklichkeit ist der Felsbrocken nämlich ein schlafender Riese. Eingehüllt in seinen steinernen Mantel, hält er stumme Wache über sein Reich. Dort oben döst er jetzt schon seit vielen Jahrtausenden. Doch wenn die Bayern ringsumher einmal zu gottlos werden sollten, dann …! Was dann passiert, hat der Münchner Schriftsteller Franz von Kobell vor rund 170 Jahren in Reimform festgehalten:

'S Ettaler Mannl

'S Ettaler Mannl is schwaar und stark,
Hat in die Knocha a stoaners Mark,
Kümmert si' nit um Wetter und Wind,
Is a' wahrhaftes Felsnkind!

'S Ettaler Mannl schaugt weit ins Land,
Hat zun schaugn an' prächtinga Stand,
Was's denn da draußn d'erschaugn will,
Allewei' ernsthaft und allewei' still.

I' will's Enk sag'n, es schaugt und sinnirt,
Was der Boar für a' Lebn führt,
Ob er no' brav, wie sunst, und guat,
Ob er's no' hat sei' tapfers Bluat,

Ob er no' treu sein' Herrn und Land,
D'rum schaugt's Mannl so umanand,
Und wur's anders, na' pfüt' di' Gott,
Nacha wohl kemmet a' großi Noth.

'S Ettaler Mannl, es steiget ra',
Werfet sein' graabn Mantl a',
Nacha wohl sechets, es is a' Ries',
Wie gar nie oana gwesn is.

Und mit die stoanern Füß' und Arm'
Schlaget's und hauset, daß Gott d'erbarm,
Hauset gar bös in ganzn Land,
Bis 's wieder sauber vo' Schimpf und Schand.

'S Ettaler Mannl, no' steht's in Fried,
'S geht scho' no' richti', es feit si' nit,
Laßt's no' nit aus, seyd's brav und guat,
Daß si' dees Mannl nie rühr'n thuat …[56]

Wenn die »Boar«, also die Bayern, sich einmal allzu grob daneben benehmen, dann wirft der Riese seinen grauen Mantel ab. Er steigt herab ins Tal, schlägt mit den steinernen Armen um sich und zertrampelt mit seinen Felsfüßen »gar bös« die Errungenschaften der Zivilisation, bis wieder Ruhe ist. Aber ob das möglich ist, ein schlafender Riese im Felsmantel? Wenn sich einer damit auskannte, dann der gute Franz von Kobell (übrigens aus einem alten Münchner Adelsgeschlecht stammend und damit ein echter Ritter). Von Berufs wegen war er nämlich Mineraloge! Die Schriftstellerei betrieb er nur nebenher, sozusagen als Hobby. Bereits mit 24 Jahren wurde der vielseitig talentierte Sohn eines Geheimrats in die Bayerische

[56] In Originalschreibweise übernommen aus: Kobell, Franz von: *Gedichte in oberbayerischer Mundart. Seiner königlichen Hoheit dem Durchlauchtigsten Herzog Maximilian in Bayern ehrenvoll gewidmet von dem Verfasser*, München 1862.

Akademie der Wissenschaften aufgenommen, blieb aber sein Leben lang der Mundart-Dichtung und Traditionspflege verbunden.

Bis jetzt schläft es noch, das Ettaler Mann(d)l. Doch Vorsicht ist die Mutter der Porzellankiste, denn 1962 hat es sich schon mal gerührt: Damals warf es auf Höhe des »Hängenden Steins« einen riesigen Felsbrocken auf die Olympiastraße B2 hinunter. Die gesamte Straßenbreite war blockiert und musste aufwendig freigesprengt werden. Ein Stückerl von diesem Brocken blieb zur Mahnung an der Straße zurück, wo man es zwischen B2 und den Bahngleisen immer noch sehen kann. Wir sollten also weiter »brav und guat« sein, unser »tapferes Bluat« bewahren und unserem »Herrn und Land« treu bleiben – kann ja nicht schaden. Ein weiterer Grund, unserer wunderschönen Natur auch in Zukunft mit Respekt zu begegnen.

Glasklar und eiskalt blubbert das Grundwasser um den Steg herum nach oben.

Geheimtipp von Lena

Im Winter hat das Naturschutzgebiet einen ganz besonders mythischen Charme. Weil die Sieben Quellen nie richtig zufrieren, steigt bei Minusgraden der Dampf vom Wasser auf. Man fühlt sich wie im Saunaparadies der Waldelfen![57]
PS.: Der Skilift »An der Rieder«, wo besagte »Rutschbuckel-Hütte« steht, ist zudem prima geeignet für die ersten Abfahrtsversuche des Nachwuchses.

Geheimtipp von Henny

Unbedingt die Eschenloher Kirche St. Clemens besichtigen! Die spätbarocke Pfarrkirche von 1782 ist als eine der ganz wenigen katholischen Gotteshäuser nicht nach Osten ausgerichtet, sondern nach Norden. Warum? Wer einmal um das wunderschöne, fast runde Kirchenschiff herumgeht, versteht: Zwischen den großen alten Bauernhöfen rundherum war einfach kein Platz mehr.
Im Inneren gibt es ein weiteres Rätsel: Das Gemälde auf dem Hochaltar, auf dem der heilige Clemens den Himmel um Wasser anfleht, hat ausgerechnet die Stadt Hamburg als Hintergrund. Das liegt daran, dass ein Eschenloher Kaufmann namens Johann Anton Eurl das Bild stiftete – und diesen hatte es in seiner Jugend nach Hamburg verschlagen. Als er als wohlhabender Mann zurückkehrte, ließ er die Hansestadt in seinem oberbayerischen Heimatdorf verewigen.

---

57 Gar nicht so abwegig, der Gedanke: Dank der Schwefelquelle »Am gstinkad'n Bach« bei dem Weg zur Burg hätte Eschenlohe einst beinahe den Zusatz »Bad« bekommen.

Wissenswertes zum Schluss

Wie die Landschaft mythisch wurde: unsere Sagenwurzeln

Die geologische Vielfältigkeit unserer Region sorgte dafür, dass es nie an glücksuchenden Bergleuten mangelte. Kupfer, Kalk, Molybdän, Radiolarit zur Wetzsteinherstellung, Bergkristall, ja sogar Gold – alles verborgene Bodenschätze, die ihre Liebhaber anlockten. Die Menschen kamen und gingen, legten Bergstollen an, beuteten Erzvorkommen aus. Manche blieben für immer, brachten fremde Gebräuche und ihre Traditionen mit. Sie nutzen die Landschaft und hinterließen ihre Kultur: Ihre Spuren finden sich bis heute in den Erzählungen von Zwergen und geheimen Schätzen.

»Um die seltsame Bildung eines Felsens sammelt sich die Sage dauernder, als um den Ruhm selbst der edelsten Geschlechter«, schrieben schon die Gebrüder Grimm im Vorwort ihrer »Deutschen Sagen« im Jahr 1816. »Denn die Sage geht mit andern Schritten, und sieht mit andern Augen, als die Geschichte thut … Sagen sind eine Symbiose zwischen Ort und Geschichte. Nirgendwo sind menschliche Kultur und Mythologie so untrennbar mit der Landschaft verwachsen wie in der Sage. Eine richtig gepflanzte, gesunde Sage kann Jahrtausende überdauern. Sie wird ihre feinen Ästlein immer wieder ausstrecken und in der Fantasie der Menschen Blüten treiben, so fest und unerschütterlich ist sie in ihrer Umgebung verwurzelt. Gehen wir ihnen doch ein bisschen auf den Grund! Wir beginnen mit den kleinsten Protagonisten unseres Buchs: den namensgebenden Zwergen.

Zipfelmützen mit gutem Grund: Zwergensagen

Die Kramerlinge, die Wetterstein-Manndl und Co. gibt es nicht nur bei uns. Geschichten über Zwerge sind im gesamten deutschsprachigen Raum weit verbreitet, genauso wie in Böhmen und Schlesien. Im rätischen und norischen Alpengebiet werden sie besonders gern erzählt: eben überall dort, wo es schwer zugängliche Täler gibt und Bergbau betrieben werden kann. Allerdings werden sie in den österreichischen und bayerischen Alpen nicht immer als Zwerge bezeichnet, sondern oft als »Venediger Manndln«.

Zunächst muss man wissen, dass die »Venediger Manndln« nichts mit Venedig zu tun haben. Sie waren Angehörige der bronzezeitlichen veneto-illyrischen Volksgruppe, die auch im Alpenraum heimisch waren. Die Veneter, die damals von der Ostsee bis zur Adria siedelten, gehörten einst zu den größten Volksstämmen der Bronzezeit und wurden erst 500 v. Chr. durch die Kelten verdrängt. Die Römer benannten bei ihrer Landnahme einfach die besiegten Alpenvölker nach deren Hauptgottheiten. Man könnte auch sagen, sie warfen alle in einen Topf: Aus den Breonen vom Brenner und den Genaunen links des Inns wurden so kurzum die Räter, nach ihrer Göttin Reithia. Die Volksgruppen rechts des Inns bis hinauf zum Salzkammergut wurden ihrem Glauben an die Göttin Noreia entsprechend als Noriker bezeichnet. Sagen von diesen einheimischen, veneto-illyrischen »Venediger Manndln« deuten meist auf bronzezeitlichen Bergbau (Salz, Erz) hin und lassen uns die Plätze dazu leicht finden, da sich die historischen Abraumhalden oder auch andere Spuren von Felsbearbeitung fast unverändert erhalten haben.

Wichtig: Niemals die »Venediger Manndln« mit den »Venedigern« verwechseln! Hin und wieder werden sie in Erzählungen vermischt. Wohl deswegen, weil sie beide mit Bergbau zu tun haben. Dabei trennen die beiden nicht nur 1 Meter Körpergröße, sondern auch mehrere Jahrtausende Ursprungsgeschichte!

Geht man nun den Venediger Manndln nach, zeigen sich neben den

Bodeninsignien noch weitere interessante Hinweise auf die Herkunft dieser prähistorischen, kleinwüchsigen Bergknappen. Dass sie Bergknappen sind, darauf weist eindeutig ihre Ausstattung mit Hammer, Pickel, Fäustel, Schaufel, die Laterne und besonders die hohe spitze Kappen-Mütze hin. Kappen dieser Art wurden aus Wollfilz oder Leder gefertigt und die hohe Spitze mit trockenem Moos gefüllt, um einen abfedernden Effekt bei Steinschlag zu haben. Man hat im prähistorischen Salzbergwerk im österreichischen Hallstatt (Hallstattzeit = 900 v. Chr.) solche hohen Filzkappen gefunden, die noch mit Moos gestopft waren und durch das konservierende Salz gut erhalten geblieben sind: Zipfelmützen sind also nichts anderes als bronzezeitliche Schutzhelme. Diese einheimischen Veneter waren intelligente Prospektoren, Erkunder und gute Bergleute, aber auch tüchtige Schmelzer, Schmiede und Händler mit weitreichenden Verbindungen (Bernsteinstraßen, Salz- und Zinnweg).

Das Geheimnis ihres Reichtums, das sie mit den befreundeten Rätern teilten, waren das Salz und die Kupferminen. Besonders als die Kelten um 500 v. Chr. dieses friedliche Zusammenspiel störten und die Räter in die unwirtlichen höheren Talschaften der Alpen abdrängten, belohnten die Veneter wohl den ein oder anderen helfenden Freund mit Schätzen und Geheimwissen, wie das viele Sagen von Zwergen berichten. Dazu ist es sehr wahrscheinlich, dass manche Veneter mit den Kelten kooperierten und so ihre sagenhaften Kenntnisse bis weit in die Zeit der römischen Besatzung und des folgenden Mittelalters nutzbar waren.

Bemerkenswert ist, dass es auch Sagen von »Venediger Weiblan« gibt: ein weiterer Beleg für die Herkunft der »Zwerge« als einheimisches Bergvolk. »Venediger Weibl« findet man im Karwendel, in den Sagen von Krün, Wallgau und Mittenwald. »Venediger Manndl« treten bei uns vor allem im Wetterstein, dem Ammergebirge und am Kramer auf.[58]

Die Spanne der Entstehung der Venediger Manndl-Sagen ist in die Zeit

---

[58] Die Garmischer Autorin Ute Leitner erzählt mehr über das geheime Leben der Kramerlinge in ihrem Kinderbuch *Kramerlihu! 24 Wintergeschichten mit den Kramerlingen*, Ippesheim 2005.

von 1500 v. Chr. bis 200 v. Chr. einzuordnen. Sie sind in ihrer Aussage seither weitgehend unverändert weitergegeben worden.

Die Venediger: Geologie-Gandalfs des Mittelalters

Die »Venediger« oder Walen dagegen, die im Mittelalter zwischen dem 12. und 17. Jahrhundert häufig auch im Zugspitz-Land auftauchten, waren in der Tat aus Venedig, aus dem sogenannten Welsch-Land. Hauptsächlich im Interesse der venezianischen Glasindustrie[59] unterwegs, suchten sie nördlich der Alpen nach glasklärenden Mineralien. Die »Venediger« waren meist gebildete Prospektoren (Erkunder), die sich mit landschaftlichen Gegebenheiten und Anzeichen für das Gesuchte genau auskannten. Besonders interessant war für sie der Braunstein, ein manganhaltiges Erz, das dem Glas den üblichen Grünstich nimmt. Daneben suchten sie aber auch nach anderen Mineralien wie Kobalt, Edel- und Halbedelsteinen wie Bergkristall, Granat und sehr gerne natürlich Silber und Gold.

Wenn sie fündig geworden waren, wurde die Tracht in großem Stil bergmännisch abgebaut.[60] In Werdenfels war die Ergiebigkeit allerdings so gering, dass die »Venediger« ihre Ausbeute oft selbst schürften, auf Esel oder Pferd luden und mit nach Venedig und Murano nahmen.

»Venediger« waren groß und stattlich, bekleidet mit schwarzen capeähnlichen Lodenumhängen (den sogenannten Kotzen) und breitkrempigen Hüten als Regen- und Sonnenschutz. Sie kamen im Frühling und waren im Spätherbst vor dem Schneefall wieder verschwunden. Ihre Berg- oder Zauberspiegel, glasoptische Instrumente zur Bewertung von Gestein, wurden besonders argwöhnisch beäugt. Sie kannten sich gut

---

59 Die Insel Murano im Golf von Venedig ist heute noch für ihre Glasprodukte berühmt – die Glasherstellung hat dort seit 1295 Tradition.

60 So wie im benachbarten Inntal: Kupfer bei Brixlegg, Silber in Schwaz oder Bleizinkkies im Mieminger Gebirge.

mit Kräutern aus, erzählten Wunderliches von »Straßen aus Wasser« und sprachen in Kauder-Welsch, das heute noch sprichwörtlich ist. Auf die Einheimischen müssen sie wie echte Zauberer gewirkt haben. Haben Bauern die »Venediger« nett aufgenommen, wurden sie oft reich belohnt. Wurden sie aber gestört, geärgert oder gar angegriffen, rächten sie sich: Verhaltensweisen, die zusammen mit den unheimlichen, unerklärlichen Eigenarten der zauberischen Fremden unauslöschlich im Gedächtnis der Talbewohner haften blieben.

Sagen von »Venedigern« gibt es in Werdenfels vom Reintal »Der Wettersteiner«, aber auch im Ammergebirge rund um Hörndle und Schatzloch (das seinen Namen natürlich auch nicht zufällig hat), zum Beispiel »Der Venediger von Kohlgrub«.

Drei Damen mit Überblick: Wie Ainbeth, Borbeth und Wilbeth uns heute noch behüten

Sagen von drei Frauen begleiten uns durch die Sagenwelt im gesamten Raetikum und in den angrenzenden Gebieten. Diese Damen werden auch als »Salige Fräulein« oder die »Drei Bethen« bezeichnet, in Oberau beispielsweise sind sie als »Drei Burgfräulein« bekannt. Sie besitzen einen Schatz und werden von einem schwarzen Hund mit großen rotglühenden Augen begleitet. Gerne würden sie demjenigen, der mit ihnen mitgeht, das Versteck ihres Schatzes verraten – doch bisher hat sich noch keiner getraut, weil der große schwarze Hund (meist ein Pudel) mit seinen glühenden Augen so grimmig dreinschaut. In erster Linie sind diese Damen ein Hinweis auf eine Burg, die hier auf dem Felssporn des Kirchbichls gestanden haben soll.[61] Das ist aber nur eine Facette der Wahrheit. Denn

[61] Obwohl man von der vermuteten Burg der Auer bisher keine Mauerreste gefunden hat, gibt es Hinweise auf ihre mögliche Existenz: einer davon ist die Sage vom ewigen Bruderkampf der beiden Ritter auf der Wiese unterhalb.

dafür hätte ja ein einziges Burgfräulein oder eine »Weiße Frau« genügt. Warum aber wird in Oberau von gleich drei Burgfräulein erzählt? Weil sich hier noch eine weitere, sehr viel tiefer wurzelnde Information aus fernster Vergangenheit verborgen hält, die wir nun näher beleuchten.

Der eigentliche Schlüssel zu dieser Sagenschatzkiste ist der schwarze Hund mit den rotglühenden Augen. Denn dieser schwarze Hund ist eigentlich ein Drache – der stetige Begleiter einer der drei Göttinnen. Diese Göttinnen, die wohl schon in Neolithikum verehrt wurden, symbolisieren den Lebenszyklus und die kosmische Zeit. Sie verkörpern gleichzeitig die drei wichtigsten Elemente: Erde, Licht/Luft, Wasser. Ihre noch heute bekannten Namen stammen wahrscheinlich von den Kelten.

Ainbeth mit dem Drachen ist die rotgewandete Göttin des Sommers, sorgt für Reife und Ernte.

Borbeth, die schwarzgewandete Göttin, die Älteste, ist diejenige, die alles wieder zur Ruhe legt, im Schoß der Erde verwahrt und auf die Wiedergeburt vorbereitet.[62] Borbeth gilt aber auch als die Hüterin der Unterwelt und der Quellen.

Wilbeth im weißen Kleid, die junge Göttin des Lichts mit dem Lebensrad, ist für Wachstum, Geburt und für das Spinnen des Lebensfadens zuständig.

Diese drei rätischen Göttinnen, die die wichtigen Lebensabschnitte und Jahreszeiten begleiten, sind von Kelten, Römern und später auch von den Germanen verehrt worden. Beim Übergang zum Christentum wurden ihr Stellenwert und ihre Bedeutung erkannt und in das traditionelle Wissen übernommen. Lediglich ihre Namen hat man christlich geändert.

---

62 Vergleiche Wortwurzel »born« – gebären, der »Born« als Wasserquell springt aus dem Erdreich hervor

Aus den drei Bethen Ainbeth (Drache), Borbeth (Turm) und Wilbeth (Lebensrad) wurden …

Die Margret mit dem Wurm,
die Barbara mit dem Turm,
die Katharina mit dem Radl,
das sind die Heiligen Drei Madl

Nur das Beste für die »heiligen drei Madl«: Sie wurden immer an ausgesuchten Orten mit besonderen Eigenschaften verehrt – meist etwas erhöht. Weil diese Kraftplätze nicht bloß landschaftlich äußerst schön gelegen waren, sondern oft auch einen (strategisch wichtigen) guten Ausblick boten, eigneten sie sich später auch hervorragend für den Bau von Burgen, Kapellen oder Kirchen. Auf Drachenplätzen der Ainbeth durften meist geeignete Heilige mit ähnlichen Attributen »einziehen«: Deswegen findet man viele Uralt-Kirchen, die dem Heiligen Georg (Drachentöter) oder direkt der Margarethe gewidmet sind.[63]

Die Licht- und Brandopferplätze dagegen sind Orte zu Ehren der Wilbeth (Katharina). Sie bestanden bis ins hohe Mittelalter als rituelle Feuerplätze oder wurden von den Burgen als Signal-Feuerstellen weitergenutzt. Solche Licht- oder Brandopferplätze haben wir in Farchant auf dem Spielleiten Köpfl, in Oberammergau auf dem Döttenbichl (beide archäologisch bestätigt) und vermutlich auch in Oberau, oben bei den Sieben Bankerln.[64]

Wichtigste Voraussetzung für einen solchen Opferplatz der Frühlingslichtgöttin ist die unbedingt direkte Sichtachse zu einem pyramidenför-

---

63 Die Heilige Margarethe wird übrigens auf vielen Darstellungen ebenfalls von einem Drachen begleitet. Eine ganz goldige Abbildung gibt es in der St. Margareth-Kirche auf der Halbinsel Zwergern im Walchensee: Dort führt Margareth ihren Drachen wie einen kleinen Hund am Bandl.

64 Hier fand bis weit ins 20. Jahrhundert hinein jeden Frühling der sogenannte Bandltanz statt, einer der ältesten Volkstänze und im Kern ein Fruchtbarkeitsritual.

migen Berggipfel. In Oberau, Farchant und Garmisch ist es natürlich die Alpspitze, die diese Vorgaben voll erfüllt.[65]

Untrennbar die Dritte im Bunde ist die Quellgöttin Borbeth. Ihr Platz, meist im magischen Dreieck zu den anderen beiden gelegen, befindet sich stets an einer ganz besonderen Quelle mit heilender Wasserqualität. Borbeth-Plätze sind Klammaustritte, Grotten oder geflutete Höhlen. Die meisten Quellen der Borbeth sind heilig geblieben: Das heilende Wasser, meist Marien- oder Anna-Wallfahrtskirchen zugeeignet, wird heute noch in vielen bekannten Kurquellen genutzt. Als Heilige Barbara, mit Borbeths Eigenschaften, wird die Göttin der Unterwelt weiterhin als Schutzheilige von Bergleuten und Tunnelbauern verehrt.

Ein weiteres Beispiel gibt es in Oberau, wo der ursprüngliche Borbeth-Platz an der Maulenbachquelle von den eingewanderten merowingischen Franken um 650 der Quellfee Mundl zugedacht worden ist … Viertausend Jahre nahtlos überlieferte Geschichte!

Die Kunde von uralten Kultplätzen und der einst matriarchalischen Welt unserer Vorfahren, in den Sagen mit Symbolen verschlüsselt, überstand fast unverändert mehr als 100 Generationen. So können wir mit den drei Burgfräulein und mit der Weißen Frau, der Göttin Reitia oder der weißen Alpenfee bis in die fernste Epoche der Bronzezeit zurückwandern, als die Drachen auf die Hügel kamen.[66]

---

65 Andere berühmte »Dreiecksberge« sind die Kreuzspitze im Graswangtal, der Tschirgant im oberen Inntal und die Arnspitze im Isartal.

66 Ganz ähnlich funktioniert die Sache übrigens einen Kontinent weiter. Die Asiaten haben nämlich auch Drachen und Drachenlinien: Im chinesischen Feng Shui geht es genauso um die Harmonisierung der Umgebung.

Schwerter, Schätze und Kettenrasseln: Ritter- und Burgensagen

Man muss es ganz klar sagen: Bei uns im Zugspitz-Land haben seit jeher die Damen die Oberhand (den Zuggeist zählen wir jetzt mal nicht mit, der ist schließlich ein Gott in vielen auch nicht-menschlichen Erscheinungsformen). Sagen von Rittern[67] sind dagegen vergleichsweise spärlich und viel jünger, sie stammen aus dem 10. bis 12. Jahrhundert. Moment … Ritter? Wo sind denn die dazugehörigen Burgen?

Leider stehen sie nicht mehr wie ehedem wachsam auf Bergeshöh! Vier stolze Burgen gehörten einst zum oberen Loisachtaler Burgenverband und hatten Sicht und Feuersignalverbindung zu der Oberauer und zu der Eschenloher Burg.

Nur von der für die Grafschaft namensgebenden Burg Werdenfels stehen noch einige trutzige Mauern. Von der Burg Falkenstein, der Burg Katzenstein und der Hammersbacher Burg ist dagegen fast nichts mehr zu sehen – obwohl sie, zumindest materiell, durchaus noch da sind. Die meisten Steine der alten Burgmauern wurden nach dem Abbruch für den Neubau verschiedener Kirchen und Bauernhäuser verwendet. So besteht die Farchanter Kirchhofmauer zum Beispiel aus Stücken der Burg Werdenfels, ebenso wie die barocke Garmischer Pfarrkirche St. Martin.

Auch wenn die einst streng gehüteten Grenzen des »Goldenen Landls« nun seit über 200 Jahren nicht mehr aktuell sind, so hausen die alten Geister doch immer noch in ihren ursprünglichen Strukturen. Die spuken und geistern immer noch, »grad so, dass a Freid is«, wie der Garmisch-Partenkirchener Heimatforscher Anton Jocher im Film »Alpgeister« (2019) von Walter Steffen so passend sagt.

---

67 Eine besonders schaurige haben wir für euch im Ausflug 13 ausgegraben!

Naturbeton, Nunataks und Neuankömmlinge: Wie das Zugspitz-Land wurde, was es ist

Eigentlich befinden wir uns im Zugspitz-Land, egal wo wir stehen und gehen, auf tiefstem Meeresboden. Hier gluckerte im Erdzeitalter der Trias, noch lange vor den Dinosauriern, einst das Urmeer Thethys. Die Gipfelkrone der Zugspitze ist ein riesiges versteinertes Korallenriff, um das die Haie kreisten. Doch das heftige »Flirten« der Urkontinente Pangäa und Gondwana (das heutige Afrika) führte zu Reibereien, durch die sich der Meeresgrund in höchste Höhen hob und die Alpen auffaltete. Nach vielen Millionen Jahren relativer Ruhe kam es zu weiteren, dramatischen erdgeschichtlichen Ereignissen: den Eiszeiten. Der östliche Alpenbogen und somit auch das Zugspitz-Land sind erst seit ungefähr 8000 Jahren[68] eisfrei. Damals haben sich noch alle über die Klimaerwärmung gefreut: In den Bergtälern bildete sich eine Tundra, Pflanzen von weit her siedelten sich an. Lange bevor die ersten menschlichen Nomaden die Alpentäler bevölkerten, waren Blumen aus dem fernen Himalaya (Edelweiß), der Mongolei (Tulpen), Gesträuch, Laub- und Nadelbäume die ersten »Zuagroasten« (Zugereisten).

Der ursprüngliche Eispanzer über dem Alpenbogen war im Zentrum fast 3 Kilometer mächtig. In den Randgebieten aber, wo öfter ein laues Lüftchen wehte, schmolz das Eis auf »nur« 1 bis 2 Kilometer Mächtigkeit. Die damalige Stärke der Gletscherzungen kann man heute noch gut an der Landschaft ablesen: Wo die Berge runde Kuppen haben, da rutschte der Gletscher drüber und schmirgelte alles ab. Der Wank zum Beispiel war komplett unter dem Eis begraben. Dagegen guckten Zugspitze,

---

[68] Die Würm-Eiszeit, benannt nach dem einzigen Abfluss des Starnberger Sees, der Würm, Nebenfluss der Amper, dauerte gute 200 000 Jahre und endete erst vor 10 000 Jahren. Das »Auftauen« danach dauerte freilich auch noch eine ganze Weile.

Alpspitze, Kramer, die Rißköpfe des Estergebirges und auch das Ettaler Manndl als Nunataks[69] aus dem Eispanzer hervor.

Auch wenn man sich kaum etwas Oberbayerischeres vorstellen kann als die Landschaft von Werdenfels: Die Zugspitz-Region gehört erst seit 1802 zu Bayern. Der durch die Säkularisation, also die Verstaatlichung von Kirchengütern, erzwungene Anschluss ans Königreich Bayern fiel den Einheimischen damals sehr schwer.[70] Kernige Werdenfelser, die Unabhängigkeit gewohnt, ließen sich von dahergelaufenen bayerischen Ordnungshütern überhaupt nichts sagen (manche munkeln, das sei heute noch so).

Dennoch: Wir im Zugspitz-Land sind Multikulti gewohnt und zwar seit einigen 1000 Jahren. Wo aber kommen wir Werdenfelser eigentlich her? Nun, die allerersten »Hiesigen« waren wohl einheimische Jäger und Sammler. Doch könnten hier auch schon vor 6000 Jahren Händler auf dem Weg nach Süden vorbeigekommen sein. Im Gepäck: Bernstein, das Zahlungsmittel der Jungsteinzeit. Die westlichste der klassischen Bernsteinrouten, die Jütland-Adria-Strecke, verlief von Norden (Schongau) über Oberammergau, den Kienberg hinunter zum Loisachtal und über Mittenwald ins Inntal. Von dort marschierten die nordischen Bernsteinhändler weiter über den Brenner Richtung Süden, um ihre Waren am Mittelmeer unter anderem mit Phöniziern oder Ägyptern zu tauschen.

Das größte und wichtigste Alpentor auf dieser Route war der Ammer-Durchbruch in Oberammergau zwischen Kofel-Döttenbichl und Laber.[71] Am zweiten Alpentor bricht die Loisach zwischen Ammer- und Estergebirge hinaus in Richtung Norden und nährt im Anschluss das weite Murnauer Moos. Das dritte wichtige Alpentor liegt im Taleinschnitt, den die noch

69 »Nunatak« ist ein Wort aus der Inuit-Sprache und bezeichnet einen isoliert über dem Eis aufragenden Berggipfel.

70 1806, also kurz nach der »Einverleibung« nach Bayern, klagte ein Münchner Beamter, dass »viele Werdenfelser noch keine bairischen Herzen haben«.

71 Ja, der Berg »Laber« heißt wirklich so und hat nichts mit Gelaber zu tun, sondern vermutlich mit dem keltischen Begriff »labara« = Schmutzwasser. Es gibt auch mehrere Flüsse dieses Namens.

junge Isar durchfließt, in der Klause von Scharnitz (Porta Claudia). Mit dieser Schlucht schließlich öffnet sich der direkte Weg in den Süden. Dieser führt im weiteren Verlauf über den Seefelder Sattel ins Inntal und dann über den Brenner hinab bis an die Adria und zu den Handelsplätzen zur weiteren Verteilung in die damals bekannte Welt der Antike.

Schon in der Bronzezeit ca. ab 2000 v. Chr. war dieser Weg bekannt und viel begangen. Es gab Handel mit Bernstein, Kupfer und Zinn aus Cornwall, der damals einzigen bekannten Zinnlagerstätte. Erst das Zinn mit ca. 10 Prozent Anteil macht Kupfer zur Bronze – ohne die Erfindung dieser einzigartigen Legierung wäre der frühe Epochenwechsel aus der Kupferzeit zur reichen Bronzezeit nicht möglich gewesen. Und wo gab es hier reiche Kupferlagerstätten? Praktischerweise nur eine Bergkette weiter, gleich drüben im Tiroler Inntal. Der »Zinnweg«, auf dem Metallhändler vom südenglischen Cornwall durch die Lande bis zu den Schmelzöfen ans Mittelmeer reisten, führte von England quer durch Germanien und traf hier auf die Bernsteinroute.

Auch in der darauffolgenden Hallstatt- und Latène-Zeit bei den Kelten war diese Strecke über die Alpen als Handelsroute sehr bedeutungsvoll.[72] Die keltische Ansiedlung blieb jedoch minimal, das Loisachtal gilt nur als sogenannte Kontaktzone. Dafür haben die Kelten aber die rätischen Orts-, Fluss- und Bergnamen übernommen.

Logisch, dass auch die Römer hier vorbeischauten. Auf ihrem Feldzug, um die Ressourcen Germaniens / Britanniens zu schröpfen, kamen sie um Christi Geburt durch das Loisach- und Ammertal. Bei ihrer Alpenüberquerung versetzten sie nicht nur diverse Bergvölker in Angst und Schrecken, sondern bauten den damals schon uralten Handelsweg zur Straße aus. Später gab man ihr den Namen Via Raetia.

Denn die verschiedenen Volksgruppen, welche die Römer entlang der Alpentäler des Brenners vorfanden, verehrten eine gemeinsame Göttin namens Reithia / Raetia. So benannten die Römer einfach die gesamte,

[72] In dieser Zeit wurzeln die Sagen von den bergmännischen Venediger Manndln.

ihnen bis dato fremde Urbevölkerung der Alpen ungeachtet genauerer Zugehörigkeiten nach deren Glaubensgemeinschaften. Aus den hiesigen Einwohnern links des Inns bis in die Schweiz wurden »die Räter«, in Unterscheidung zu den rechts des unteren Inns im Chiemgau und Kärnten wohnenden Norikern mit ihrer Göttin Noreia.[73]

Die Via Raetia wurde schnell so wichtig, dass sie der älteren Via Claudia Augusta, die über Reschenpass und Füssen führt, den Rang ablief. Über die Jahrhunderte der römischen Herrschaft kamen viele tausend Ochsen- und Pferdekarren hier vorbei.[74] Neben den Säumern waren auch viele Träger mit schweren Kraxen unterwegs, die ihre seltenen Gewürze, kostbaren Glasgefäße oder allerlei Schmuckstücke hunderte Kilometer weit über die Alpen schleppten. Sie alle machten in Parthanum Station – dem heutigen Partenkirchen.

Nach dem Zusammenbruch des römischen Kaiserreichs um 480 n. Chr. verließen aber nicht alle Römer unser Gebiet. Manchen der Soldaten, die ja teilweise seit Jahren hier eingesetzt waren, gefiel es bei uns einfach zu gut. Sie blieben einfach und lebten als Welsche oder Walen im bayerischen Raum weiter: sozusagen die nächsten »Zuagroasten«. So erklärt sich mit der fast 500-jährigen gemeinsamen Geschichte auch der starke römische Einfluss auf Ortsnamen und Dialekt. So hat zum Beispiel der Ort Partenkirchen mit »Parthanum«, eine rätische und römische Wurzel. Ebenfalls aus der veneto-illyrischen Sprachfamilie stammen die Uraltworte »Kar« für Stein oder Fels, »Ui« für Wasser. »Isara« bedeutet »die Reißende«, »Krama« – der Berg – steht für das Zelt.

Die Frage nach dem Woher der Werdenfelser ist also einfach zu beantworten: Die Partenkirchner sind Römer, die Garmischer sind Germanen.

---

73 Die römische Provinz Raetien entspricht dem nördlichen Alpenvorland zwischen Schwarzwald, Tessin und dem oberen Eisacktal, das Noricum umfasste in etwa Österreich und einen Teil Sloweniens.

74 Die eisenbeschlagenen Karrenräder hinterließen im Kalksteinboden tiefe Spurrinnen in der typischen Achsenbreite von 107 Zentimetern. Bei Klais kann man noch ein solch freigelegtes Stück der Originalrömerstraße Via Raetia besichtigen.

Doch erstens waren diese beiden Völker schon selbst alles andere als einheitlich, und zweitens kamen Schlag auf Schlag noch allerlei weitere »Zuagroaste« hinzu: aus dem Südosten die Goten, aus dem Westen (Allgäu) die Alemannen, und schließlich um 560 die merowingischen Franken.

Die Franken aber waren bereits christlich und wollten nun auch ihre neuen Untertanen bekehren. Es begann die Missionstätigkeit zuerst der iro-schottischen und später der angelsächsischen Wandermönche. Diese versuchten im gesamten bajuwarischen Raum, die bis dahin bestehende über 3000-jährige Verehrung der matriachalischen Göttinnen auf- und abzulösen. Das war wahrlich keine leichte Aufgabe, doch fiel sie auf relativ fruchtbaren Boden. Die keltischen Iro-Schotten verstanden das Gemüt der Alpenbewohner und kamen mit den ähnlich geprägten Bajuwaren gut zurecht.[75]

Zudem hatte Papst Gregor der Große um 600 per Brief über den Bischof Mellitus an Augustinus von Canterbury und 40 Mönche angewiesen, dass bei der bevorstehenden Missionstätigkeit immer an vorchristliches Brauchtum anzuknüpfen sei und keine bestehenden heidnischen Heiligtümer zerstört werden dürften. Oft genug hatte es nämlich Konflikte gegeben, wenn beispielsweise ein Missionar eine heilige Eiche gefällt hatte – und die erzürnten Dorfbewohner daraufhin den Missionar erschlugen. Kein Wunder, dass man sich so nicht bekehren lassen wollte. Doch dank der weisen Entscheidung Papst Gregors sind uns Naturheiligtümer und Opferstellen von Rätern, Kelten, Römern und Germanen in vielen Fällen christlich »verkleidet« bis heute erhalten geblieben.

Es entstand ein christlich-rätisches Glaubenskonglomerat, mit dem wir bis heute in Tradition und Brauchtum eng verbandelt sind. So eng, dass man die uralten Feste gar nicht mehr bewusst mit der allumfassend be-

---

75 Raues Klima, sturschädelige Bewohner: Oberbayern und die schottischen Highlands passen einfach gut zusammen. In beiden Urdialekten steht auch die Wortwurzel »Ui« für Wasser – auf Gälisch hat Whisky immer noch den Namen »Uisge beatha« = Lebenswasser.

seelten Vorstellungswelt der Bronzezeit in Verbindung bringt ... nur in den Sagen, da ist das Band zur Vergangenheit noch da.

Mit der weißen Alpenfee durch die Zeit

Das Zugspitz-Land ist seit jeher das Reich der weißen Alpengöttin Raetia. Die Dame ist ein wahrer Star am Götterfirmament: Die Kelten nannten sie Percht, die Römer Isis-Noreia und die Germanen kannten sie als Hulda beziehungsweise (Frau) Holle. In der rätischen Schweiz wird sie als Margriata verehrt und in Werdenfels erscheint sie als die weiße Alpenfee. Edelweiß und Enzian sind, wie Hirsch und Gams, ihre symbolhaften Begleiter. Sie ist die Herrin der Natur, der Umwelt und des Kosmos. Sie beschützt Frauen und Mädchen, alle Tiere und Pflanzen, sie heilt, gibt Hilfe und Rat bei Geburten. Sie ist Gebieterin über Leben und Tod, beruhend auf einer zyklisch wiederkehrenden, einer allumfassenden vernetzten Welt. Ihr zugeordneter Berg ist die Alpspitze, wohl wegen deren deutlicher Dreiecksform. Sieht der klare, meist weiß verschneite Gipfel nicht wie ein umgelegter Schutzmantel aus? Genauso kümmert sich Raetia um das ganze Tal. Missachtung ahndet sie nämlich hart: Da vertrocknen Quellen, Almwiesen veröden, Felsstürze oder ungenießbare Flechten erobern übernutze Weideflächen zurück. Und sie hat ja Recht, unsere Raetia: Zum Gesamtkunstwerk der Natur trägt auch das kleinste Pflänzchen bei.

Erst jetzt ist es der Forschung gelungen, nachzuweisen: Bäume haben eigene Empfindungen, so etwas wie Gefühle, eine eigene Sprache und ein Gedächtnis. Mittels Terpenen (Botenduftstoffen) können sie untereinander kommunizieren.[76] Terpene gehen auch in den menschlichen Körper über und mobilisieren dort das Immunsystem: Bäume umarmen lohnt sich!

---

[76] Von diesen Fähigkeiten der Bäume erzählt der Bonner Förster und Autor Peter Wohlleben in seinem Bestseller *Das geheime Leben der Bäume*, München 2015.

In den Sagen werden uns die heiligen Pflanzen und Bäume der Kelten und Germanen nahegebracht.[77] Ein unermesslicher Wissensschatz, von dem wir alle profitieren können. Der Holunder beispielsweise tritt in Märchen und Sagen oft als Lebensspender auf. »Vor dem Holler sollst du den Hut ziehen«, ist heute noch eine der bekanntesten Bauernweisheiten. Den Kelten und Germanen war der Holunder heilig, weil man alles von ihm brauchen kann: Die weißen Blüten sind essbar, die schwarzen Beeren enthalten eine hohe Konzentration an Mineralien und Vitaminen (aber bitte nur gekocht verzehren, sonst giftig!). Seine Farben Weiß, Rot, Schwarz symbolisieren zudem die weibliche Dreieinigkeit: Junge Frau, Mutter und weises Alter.

Sogenannte Zeigerpflanzen weisen auf bestimmte Bodenqualitäten, auf Erze oder auf Wasseradern hin. Wichtig waren sie besonders für die Landwirtschaft (und natürlich für Bergbaukundige, wie zum Beispiel die »Venediger«). Doch auch uns verraten sie noch, was sich Unsichtbares im Boden verbirgt:

Lungenkraut-Blüten zeigen mit verschieden gefärbten Blüten an einer einzigen Pflanze, wo gerade der Saft in den einzelnen Pflanzenteilen sauer, basisch oder neutral ist.[78]

Brennnesseln bevorzugen negativ geladene Erdenergieplätze.

Eisenhut verrät, wenn er vermehrt auftritt, einen ehemals stark genutzten Almplatz, wegen des hohen Stickstoffgehalts im verdichteten Erdreich.

Eisenkraut zeigt dem Erzsuchenden, dass hier eisenhaltiger Boden vorhanden ist.

Hahnenfuß, hochgiftig auch für Tiere, wächst auf durch zu viel Stickstoff unbrauchbaren Weiden.

Schachtelhalm lässt bei vermehrtem Auftreten auf Kohlenlager und auf feuchte Böden schließen.

Zu diesen ganz realen Gewächsen kommt noch die **Springwurzel** hinzu,

---

[77] Das uralte germanische Wort »heilig« bedeutet »heilen«.

[78] Das zeigt den Ph-Wert des Pflanzensaftes – ein Lackmustest der Natur.

mit der man durch bloßes Anklopfen einem Berg die Schätze entlockt. Es ist eigentlich die sagenumwobene, sehr seltene Alraune (Mandragora). Da man in ihrer Wurzel mit etwas Fantasie eine Menschengestalt erkennen kann, wurde sie gern für allerlei Beschwörungen und magische Rituale verwendet. Über nachfolgende Schaudermärchen braucht man sich nicht zu wundern: Alle Teile der Alraune sind hochgiftig. Obwohl sie manchmal auch in unseren Breitengraden wächst und wir uns hier ziemlich gut auskennen, haben wir hier leider noch keine Springwurzel gefunden – wir würden es schon gern versuchen mit dem Anklopfen!

Viele andere »Zauberpflanzen« gibt es allerdings häufiger, wie zum Beispiel die Königs- oder Wetterkerze (Verbascum), mit deren Hilfe das Wetter vorhergesagt wird.[79] Hat sie zu Mariä Himmelfahrt am 15. August viele Blüten, wird es im darauffolgenden Winter angeblich viel Schnee geben. Dabei kann man den langen Blütenkolben wie einen Kalender lesen: Das untere Ende steht für den Spätherbst, die Mitte für die Wintersonnenwende am 21. Dezember, das obere Ende für Ostern, wo es ja wirklich langsam aufhören sollte mit dem Schnee. Man sieht die Königskerze noch oft in alten Bauerngärten. Vielleicht entdeckt ihr eine und könnt mit ihrer Hilfe selbst zum Wetterpropheten werden!

Wichtiger Hinweis von Heil- und Kräuterkundlerin Henny:
Niemals Pflanzen pflücken oder gar essen, die man nicht kennt! Die meisten Pflanzen sind in Teilen giftig oder verursachen allergische Reaktionen. Und selbst bei sicher identifizierten Heilpflanzen gilt: Immer zur richtigen Tageszeit, bei optimaler Reife und am besten noch in der geeigneten Mondphase ernten.

[79] Auch ihre weiteren Namen Brennkraut, Blitzkerze, Donnerkerze, Fackelblume, Marienkerze oder Wetterkraut beziehen sich auf ihre prophetischen Eigenschaften. Gleichzeitig hat man sich von der Königskerze auch ganz direkte Hilfe versprochen und sie als »Blitzableiter« neben Stallgebäude gepflanzt.

Am Ende unseres Ausflugs in die Hintergründe der Sagenwelt erzählen wir noch, wie die kleine Henny von ihrem Vater die Einzigartigkeit jedes noch so kleinen Lebewesens erklärt bekam.

Ich war ungefähr drei Jahre alt, als beim Abendessen mal eine winzige Fliege vor mir auf dem Tischtuch herumkrabbelte. Diese verfolgte ich mit meinen Fingerlein. Ich hatte sie schon fast erwischt, da erklärte mir mein Vater in seiner wunderbar weitblickenden, einfühlsamen Art: »Warte mal, Henny. Schau, das ist eine Fliege. Die ist viel, viel kleiner als du. Und sie hat auch Augen, genau wie du und kann dich damit sehen. Ihre Beinchen sind so klein, dass man sie kaum sieht. Doch obwohl sie viel kleiner ist als du, kann sie aber viel mehr als du! Sie kann fliegen. Und schau, jetzt sitzt sie sogar oben auf der Zimmerdecke, verkehrt herum, mit den Beinen nach oben und fällt nicht herunter! So eine kleine Fliege ist das reinste Kunstwerk. Darum musst du dir eines immer merken: Man darf erst dann etwas kaputt machen, wenn man es selbst genauso nachbauen kann!«

Bis jetzt hat es noch keiner geschafft, nur eine einzige solche kleine Fliege mit all ihren Funktionen nachzubauen. Insofern … Aber wir wollen gar nicht weiter mit dem Zaunpfahl winken. Lieber setzen wir auf Einsicht durch Verstehen – und das, liebe »Große«, könnt ihr euren Zwergen gar nicht früh genug vermitteln. Jeder einzelne Ausflug sorgt nämlich für so viel mehr als nur frische Luft und einzigartige Erinnerungen. Er legt ein Samenkorn für spätere Ehrfurcht, für die Fähigkeit, sich im Wortsinne zu »erden«. Die kleinen Schritte unserer Kinder im Hier und Jetzt, draußen im Grünen, sind große Schritte für die Natur der Zukunft. Auf geht's!

Die Autrorinnen

Lena Havek (links) wurde 1982 geboren und ist Literaturwissenschaftlerin, Vierfachmama und Grainauerin in 18. Generation. Nachdem sie die Alpen zu Fuß durchwandert und den Bayerischen Fischereischein auf Lebenszeit errungen hat, schreibt sie jetzt am liebsten Kinderbücher und Rätselspiele.

Henny Schübel, in Garmisch-Partenkirchen geboren und Protagonistin im Film »Alpgeister«, hat nach ihrer Drogistenlehre Betriebswirtschaftslehre, Forstwirtschaft und Bayerische Geschichte studiert. Ihre berufliche Heimat liegt im Pharmabereich, daneben ist sie seit Langem als Referentin sowie zertifizierte Natur-, Kultur- und Landschaftsführerin tätig.

Anhang

Literaturverzeichnis

Appler, Sigi / Bitzl, Peter / Schelle, Heinz: Sagen und andere wunderliche Geschichten, Kufstein 2020

Bader, Josef: G'schichtlan vom Wildern im Loisach-, Isar- und Ammertal, Garmisch-Partenkirchen 1995

Bär & Lilie (Hg.), (Hsrg.): *Groana,* Gesamtausgabe Nr. 1–10 1986 –1992

Bernik, Franz und Lauer, Reinhard: *Grundlagen der Slowenischen Kultur.* Akademie der Wissenschaften, Göttingen 2002

Brandner, Josef und Spichtinger, Heinrich: *Rund ums Landl. Altwerdenfelser Grenzsteine und Felsmarchen. Geschichte, Denkmäler, Geschichten,* Garmisch-Partenkirchen 1993

Brunner, Barbara (Hrsg.): *Münchner Sagen. Bayerische Sagen erster Band.* Gerhard Lange Verlag, München 1958

Bosl, Karl: *Bayerische Geschichte*, München 1971

Dahms, Thomas: *Via Romea Stade-Mittenwald: Pilgerführer für Deutschland*, Osterwieck 2015

Dietz, Gertrud Maria: *Werdenfelser Märchenbuch. Ein Sonntag bei den Berggeistern*, Garmisch-Partenkirchen 1981

Deutsch, Daniela und Zucchelli, Christine: *Außerfern. Sagen und Mythen entdecken*, Innsbruck 2011

Eichelmann, Toni: *Berchtesgadener Sagen*, Berchtesgaden 1968

Freisl, Paul: *Das Trinkwasserprojekt der Landeshauptstadt München aus der Sicht des Werdenfelser Landes.* Herausgegeben vom Landkreis Garmisch-Partenkirchen, 1965

Göttner-Abendroth, Heide: *Berggöttinnen der Alpen. Matriarchale Landschaftsmythologie in vier Alpenländern.* Edition Raetia, Bozen 2016

Grimm, Jakob und Wilhelm: *Deutsche Sagen.* Aus der Sammlung der Gebrüder Grimm ausgewählt und bearbeitet von Wolfram Gramowski, Köln 1954

Grimm, Jacob und Wilhelm: *Deutsche Sagen. Erster Theil,* Berlin 1816

Grimm, Jacob und Wilhelm: *Deutsche Sagen. Zweiter Theil,* Berlin 1818

Grömer, Karina: *Prähistorische Textilkunst in Mitteleuropa.* Naturhistorisches Museum Wien 2010

Haas-Gebhard, Brigitte: *Die Bajuvaren*, Regensburg 2013

Haid, Hans: *Aufbruch in die Einsamkeit. 5000 Jahre Überleben in den Alpen*, Rosenheim 1992

Haid, Hans: *Mythos und Kult in den Alpen. Ältestes, Altes und Aktuelles über Kultstätten und Bergheiligtümer im Alpenraum*, Rosenheim 2002

Hegi, Dr. Gustav: *Alpenflora. Die verbreitetsten Alpenpflanzen von Bayern, Österreich und der Schweiz*, München 1937

Hojer, Gerhard und Schmid, Elmar D.: *Schloss Linderhof. Amtlicher Führer.* Bayerische Verwaltung der staatlichen Schlösser, Gärten und Seen, München 1999

Holzner, Hans: *Sagen aus Grainau und Umgebung.* Zusammengestellt von Peter Schwarz, herausgegeben vom Verein Bär & Lilie, Garmisch-Partenkirchen 1996

Hubrich-Messow, Gundula (Hrsg.): *Sagen und Märchen aus dem Bayerischen Oberland*, Husum 2011

Hummel, Karl-Heinz: *Raunachtssagen aus Bayern und Tirol,* München 2019

Hübner, Kurt: *Die Wahrheit des Mythos*, München 1985

Jocher, Anton: *Geisterfahrt und Wilde Jagd.* Sagen aus dem Werdenfelser Land, München 1978

Lang, Amei: *Keramikdepot der jüngeren Frühbronzezeit auf dem Spielleitenköpfl bei Farchant*. In: *Das archäologische Jahr in Bayern*, 2009

Lang, Amei: *Reitia – Göttin der Räter*. Ludwig-Maximilians-Universität München, Arunda 78, Meran 2010

Lang, Amei: *Das eisenzeitliche Heiligtum von Farchant*. In: *Forcheida* 4, Archäologie Landkreis Dingolfing 2018

Meyer, Rolf K. und Schmid-Kaler, Hermann: *Wanderungen in die Erdgeschichte Bd. 9, Auf den Spuren der Eiszeit südlich von München, westlicher Teil*. Pfeil, München 2002

Mayer, Dr. Johannes Gottfried, Uehleke, Bernhard und Saum, Kilian OSB: *Handbuch der Klosterheilkunde*, München 2003

Pirker, Dr. Max: *Alpensagen*. Österreichische Bibliothek Nr. 24, Leipzig 1917

Pömer, Dr. Karl (Hrsg.): *Die Hallstatt-Kultur. Bericht über das Symposium in Steyr 1980 aus Anlaß der Internationalen Ausstellung des Landes Oberösterreich*, Linz 1981

Ringeis, Franz: *Bayrisches Wörterbuch*, Dachau 2004

Robl, Werner: *Kimbern, Jotungen, Bajuvaren, Zimbern*, Buching 2018

Rübekeil, Ludwig: *Suebica. Völkernamen und Ethnos*. Institut für Sprachen und Literaturen der Universität Innsbruck, Innsbruck 1992

Sayn-Wittgenstein, Franz von: *Südtirol und das Trentino*, München 1998

Scheungraber, Corinna, Friedrich E. Grünzweig & Hermann Reichert (eds.): *Die altgermanischen Toponyme sowie ungermanischen Theonyme Germaniens – Ein Handbuch zu ihrer Etymologie (unter Verwendung einer Bibliographie von Robert Nedoma)*.Wien 2014

Schinzel-Penth, Gisela: *Sagen und Legenden um Werdenfelser Land und Pfaffenwinkel*, München 2015

Schwarz, Benjamin U.: *Biologische Vielfalt trifft Schöpfungsspiritualität. Die schönsten Pilgerwege im Landkreis Garmisch-Partenkirchen*, München 2020

Siegfried, Walther und Schöll, Martin: *Seinerzeit in Partenkirchen & Garmisch. Erinnerungen eines Lebens,* Garmisch-Partenkirchen 1994

Spichtinger, Heinrich: *Werdenfels. Geschichte einer Burg,* Garmisch-Partenkirchen 1991

Steinbacher, Dorothea: *Wenn's draußen finster wird. Bräuche und Legenden für die Winterzeit,* München 2020

Wohlleben, Peter: *Das geheime Leben der Bäume. Was sie fühlen, wie sie kommunizieren – die Entdeckung einer verborgenen Welt,* München 2015

Wolfram, Henry: *Tassilo III. Hoher Fürst,* München 2016

Zanier, Werner: *Der spätlaténe- und frühkaiserzeitliche Opferplatz auf dem Döttenbichl südlich von Oberammergau.* In drei Bänden, München 2016

Zeune, Joachim: *Ritterburgen. Bauwerk, Herrschaft, Kultur,* München 2015

Magazine, Zeitungen, Schriften

Alte Geschichte des Werdenfelser Landes. Pfarrchronik Oberau, 1935

Handler, Margret: *Mit Pendel und Wünschelrute.* In: Servus in Stadt & Land 09/2020

Hornsteiner, Josef: *Die Suche nach dem Ur-Oberammergau.* In: Garmisch-Partenkirchner Tagblatt, 10. Februar 2021

Gess, Dr. Christine: *Die geheimnisvolle Unterwelt von Eurasburg.* In: Die künstliche Höhle, Mitteilungsblatt der Interessensgemeinschaft Erdstallforschung, Jahrgang 2020

Petric, Robert: *Die Veneter, das mysteriöse Volk.* Veneti.info 2021 (Originalbeitrag auf Slowenisch erschienen)

Schäfer, Margot: *Eine Rüstung für die Burgruine.* Beschädigungen am Mauerwerk der Ruine Werdenfels werden beseitigt. In: Garmisch-Partenkirchner Tagblatt, 17. November 2020

Wilhelm, Karl: *Gandalf im Erdstall? Überlegungen zum Rätsel Erdstall.* In: Die künstliche Höhle, Jahrgang 2019

Bildnachweis

Allitera Verlag: S. 64, 89, 131

Archiv Hotel Riessersee, Garmisch-Partenkirchen: S. 67

Hans-Dieter Henkel: S.48, 83

Jürgen Haase: S. 125, 156, 166

Markt-Archiv Garmisch-Partenkirchen: S. 75, 108 (oben)

Peter Volk: S. 195

pixabay: S. 18, 41, 44 (Robert Allmann), 176 (Robert Allmann), 126, 141 (Franz Bachinger), 176 (Robert Allmann)

Privatarchiv Havek: S. 12, 16, 20, 23, 24, 26, 30, 31, 32, 34, 36, 38, 40, 42, 50, 52, 55, 62, 69, 72, 73, 80, 96, 100, 101, 104, 107, 108 (unten), 109, 110, 112, 114, 115, 117, 118, 119, 120, 124, 132, 136, 139, 150, 151, 159, 162, 164, 167, 170, 174

Privatarchiv Schübel: S. 90, 97, 128, 130

Rudi Kriner, Archiv Ferienglück: S. 92

shutterstock: S. 102 (472425034), 142 (1835588011), 152 (1797481018)

Touristinformation Oberau, Fotograf Wolfgang Ehn: S. 8

wikipedia, gemeinfrei unter CC BY-SA 3.0: S. 57, 76, 78, 95, 144

Auftaktbilder zu Ausflugbeginn

S. 8: Ab ins Felsennest: Blick auf Oberau und das Wettersteingebirge.

S. 12: Abendliches Alpenglühen am Großen Waxenstein über Grainau.

S. 24: Gespenstisch: moosige Wurzeln einer uralten Fichte im Eibseewald.

S. 34: Da, grad ist er abgetaucht, der Bluatschink! Die Loisach Richtung Griesen.

S. 42: Für wetterharte Zwerge findet sich überall ein Unterschlupf.

S. 52: Der Drache unter dem Balkon scheint etwas neidisch auf die Kollegen von oben: zu finden in der Von-Müller-Straße in Garmisch-Partenkirchen.

S. 64: Mit der Partnachklamm ist nicht zu spaßen, sie hat schon etliche Todesopfer gefordert.

S. 76: Römerstraße bei Klais: Ganz tief haben sich die Karrenräder in den Kalkstein eingegraben.

S. 90: Der Aufstieg nach Wamberg bietet einen guten Überblick über Partenkirchen und den Kramer.

S. 102: Der Pflegersee mit dem gleichnamigen Gasthof – vorne im Bild haben sich sogar ein paar dicke Karpfen versteckt

S. 112: Ein uralter »Hotspot« mit Premiumrundumblick: das Spielleiten Köpfl.

S. 120: Gibts auch Bergnixen? Wenn, dann duschen sie garantiert hier, an den Kuhfluchtfällen bei Farchant.

S. 132 Diesem Waldtroll kann man auf dem Weg zur Mundl begegnen. Bestimmt ihr Bodyguard!

S. 142: Blick vom Osterfeuerkopf Richtung Oberau: Wir wandern am gegenüberliegenden Auerberg und Höllenstein entlang.

S. 152: Die dunkelgrünen Flechten entlang der Asamklamm wirken bei Nässe wirklich ziemlich schwarz.

S. 162: Hier werden die Sieben Quellen zum Mühlbach.

S. 176: Die Waxensteine vom Hammersbacher Feld aus betrachtet: Dahinter liegt das Höllental, die »Einflugschneise« des Zuggeistes.

Editorische Notiz

Zitate aus anderen Büchern (zum Beispiel den Sagensammlungen der Gebrüder Grimm) wurden kenntlich gemacht und an die aktuelle Rechtschreibung angepasst. »Übersetzungen« aus dem Werdenfelser Dialekt haben die Autorinnen selbst vorgenommen.

Wir wissen zwar vieles, aber leider nicht alles: Es liegt bei einem Sachbuch in der Natur der Dinge, dass sich unvorhergesehene Änderungen ergeben können. Für die nächste Auflage würden wir eventuelle Aktualisierungen gerne einpflegen. Falls sie also unterwegs untrügliche Beweise für die Existenz des nordalpinen Yeti, eine kaputte Sitzbank (vom Yeti angeknabbert), einen plötzlichen Bergrutsch oder dergleichen entdecken, freuen wir uns über Mitteilung an den Verlag unter info@allitera-verlag.de!

Dank

Natürlich steckt in diesem Buch eine Menge Arbeit, die wir jedoch gerne und mit lieber Unterstützung gemacht haben. Wir danken deshalb ganz herzlich:

Cornelia Bader, Redaktionsfee des Garmisch-Partenkirchner Tagblatts, weil sie uns überhaupt erst miteinander bekannt machte, den ersten Quellen unseres Wissens: Magdalena Straubinger-Hamberger, Luise Veronika Meurer und Annemie Strupp, Hennys und Lenas wegweisenden Lehrerinnen sowie unseren lieben Eltern und Großeltern, dem Filmemacher Walter Steffen, mit dessen Projekt »Alpgeister« Henny Schübel wieder ganz neu in die Sagenwelt eintauchte, dem Grainauer Geschichtsverein Bär & Lilie e. V. und seinem Vorsitzenden Josef Bader für umfassende Einblicke in die Geschichte nicht nur der Zugspitzdorfes, Benjamin Schwarz, Leiter des Kreisbildungswerks, für die Detailabstimmung der heimatlichen Flora, Franz Wörndle, Marktarchiv Garmisch-Partenkirchen, für seine Recherche-Schützenhilfe, Prof. Dr. Heinz Schelle, Oberau, dem Fotografen Peter Volk für sein stimmungsvolles Autorenporträt von uns, Jürgen Haase, Hans-Dieter Henkel und Rudi Kriner für ihre stimmungsvollen Bilder aus dem Werdenfelser Land, Axel Weigt, Kiel, für religionsphilosophische Ergänzungen, Prof. Dr. Gernot Wieland, Vancouver, für Wegbereitung vom Ampferang zu Iro-Schotten, Angel-Sachsen bis Tassilo III., den vielen lieben Menschen, bei denen unser Projekt schon in den Kinderschuhen auf Begeisterung stieß, und nicht zuletzt Lenas vier Kindern, die sich gegen minimale Bestechungsmittel in Form von Süßigkeiten für beinahe alle Schnappschüsse hergaben.

ZugspitzLand
FARCHANT / OBERAU/ ESCHENLOHE
Entdecke die Vielfalt im ZugspitzLand
WWW.ZUGSPITZLAND.DE